Les Quatre Saisons de Ronsard

Présentation et choix de
Gilbert Gadoffre

GALLIMARD

INTRODUCTION

Nous imaginons mal aujourd'hui ce qu'a représenté au milieu du XIXᵉ siècle l'irruption du fantôme de Ronsard. On le croyait parti en fumée, et voilà que des œuvres jamais rééditées depuis 1629, louées avec condescendance par Sainte-Beuve en 1828, étaient rendues accessibles par Paul Lacroix puis Blanchemain. Jusque-là on ne connaissait que quelques sucreries et objets de vitrine qu'on se passait de main en main depuis trois siècles et qui situaient Ronsard au niveau qu'affectionne le petit-bourgeois de tous les temps : le niveau des poètes mineurs dont les dimensions le rassurent sur lui-même. Flaubert remarquait déjà que dans les morceaux choisis « les meilleures choses sont absentes » et Barbey d'Aurevilly a clamé sa surprise éblouie devant les « dimensions colossales » de poète majeur ainsi révélées, dimensions dont « nous n'avons pas idée ». Il ajoute : « Cette Résurrection commence la poésie moderne par un miracle... Le Ressuscité de 1830 est peut-être la seule chose de 1830 qui soit encore debout[1]. »

Flaubert, lui, est frappé de plein fouet. Il accuse le choc dans une lettre à Louise Colet de février 1852 : « Tu ne t'imagines pas quel poète c'est que Ronsard ! C'est plus grand que Virgile, et ça vaut du Goethe... Le dimanche nous en lisons à nous défoncer de la poitrine. » Et en s'interrogeant sur la raison d'une si longue traversée du désert il trouve une réponse qui est loin d'être absurde : « Il faut déguiser la poésie *en France ; on la déteste et, de tous ses écrivains, il n'y a peut-être que Ronsard qui ait été tout simplement un poète, comme on l'était dans l'Antiquité et comme on l'est dans les*

1. Barbey d'Aurevilly, *Les Poètes*, éd. 1893, pp. 2, 4 et 5.

autres pays[2]. » Marot, dira-t-on, a échappé à ce rejet, mais ce régime d'exception est dû au fait que Marot était un homme d'esprit, très près de la prose et complètement étranger à la poésie pure.

Ronsard était, lui, le premier exemple du poète total, à la fois poète lyrique, poète cosmique, élégiaque et épique, homme de cénacle et tribun, chef d'école et maraudeur. Il n'a pas chanté seulement les jeunes filles en fleurs, comme on l'a cru longtemps sur la foi des morceaux choisis, mais toutes les saisons, tous les âges, l'ardeur de la maturité, la sérénité mélancolique de l'automne aussi bien que le destin, l'amour, la vieillesse et la mort, tout cela dans une langue qui est sa création propre. Hugo se vantait d'avoir violé le vieux dictionnaire, mais il l'a fait avec une langue déjà stabilisée, et qu'il n'a, en fin de compte, modifiée que peu. Ronsard a inventé de toutes pièces non seulement une langue poétique, mais l'idée même de langue poétique, la négation du poète qui parle avec les « mots de la tribu ». Il n'avait pas seulement à découvrir des instruments verbaux et des formes, mais un public qui n'existait pas et qu'il a créé d'étape en étape. Ce n'est pas le moindre aspect de son génie de grand aventurier que cette création continue sur des plans multiples. C'est elle qui a conduit Flaubert à suggérer le parallèle avec Goethe.

Le premier public à atteindre était aussi étranger que possible à son milieu d'origine. Ronsard a commencé par vouloir conquérir le public humaniste de formation universitaire, celui qui n'attachait d'importance qu'à ce qui était écrit et pensé en latin. Lui appartient à la première génération de fils de hobereaux poussés par la famille vers les facultés de droit. On veut les qualifier pour l'achat d'un office, valeur indexable, au moment où une inflation galopante amenuise le pouvoir d'achat des revenus terriens.

Ce que les pères n'avaient pas prévu, c'est l'école buissonnière des fils qui n'attendent qu'une occasion pour troquer le droit contre le grec. Ronsard nous a confié ses discussions avec son père sur le choix des études et d'un métier. Démoralisé par les difficultés de la vie, l'ancien

2. A Louise Colet, 16 décembre 1852.

combattant des guerres d'Italie ne rêve que sécurité pour son cadet : le droit et la médecine lui permettront de bien gagner sa vie, de trouver une place dans la nouvelle société qui s'annonce peu accueillante pour les occupations désintéressées.

> On peut par ce moyen aux richesses monter,
> Et se faire du peuple en tous lieux bonneter[3].

Mais le jeune Ronsard s'estime plus fidèle que son père à ses ancêtres dont il a retenu l'idéal de vaillance et prouesse, et le mépris pour les motivations basses.

> Moi qui l'honneur plus que les biens estime
> Né d'une race antique et magnanime
> Franc d'avarice et pur d'ambition (...)
> Pour la vertu j'ai quitté le vulgaire
> Villes, châteaux, bourgades et marchés[4].

Changer de milieu, certes, manier la plume et non l'épée, mais en multipliant défis et prouesses, et en fréquentant des Muses qui recommandent de « ne chercher autres maîtres que rois » (id.).

C'est en conquérant sans reproche que l'élève de Daurat au collège Coqueret va aborder les genres littéraires de l'Antiquité (ode, élégie, épître) auxquels le maître initiait ses disciples, et dont Peletier du Mans avait assuré, dès 1545 dans la préface à son édition d'Horace, qu'ils étaient restaurables. Les odes de Ronsard seront françaises, mais Horace et Pindare seront pour lui moins des modèles que des émules. Il s'agit de faire mieux qu'eux. Et pourquoi pas ? Cicéron voulait rénover la langue latine en la plongeant dans un bain d'hellénisme. Pourquoi ne pas faire de même pour le français mué en langue somptueuse et savante, enrichie à la fois par les langues anciennes, les dialectes de province et les termes de technologie des métiers ?

Encore faut-il que le lecteur ait assez de culture et de largeur d'esprit pour comprendre le sens de l'opération. L'homme de la rue ? Il n'en est pas question. Le courtisan ? Pas davantage. Les courtisans

---

3. Discours à Pierre Lescot.
4. Au roi Charles IX.

n'admirent que les valeurs déjà classées, métriquement régulières, « un petit sonnet pétrarquisé ou quelque mignardise d'amour qui continue toujours en son propos », alors que lui réserve sa ferveur à « Pindare et à ses admirables inconstances », à une œuvre luxuriante et touffue qui « ressemble la nature, laquelle ne fut estimée belle des Anciens que pour être inconstante et variable en ses perfections » (préface aux Odes).

Par cet énoncé d'esthétique baroque, Ronsard semble interdire ainsi l'entrée de la forêt altière des Odes aux courtisans. S'ils l'ont pris au mot, pourquoi s'en étonner ? Quand on se gausse des Odes à la Cour, pourquoi s'en prendre au seul poète officiel Mellin de Saint-Gelais ? Entre les deux clans — car Ronsard a aussi des alliés —, la tension est si forte que des notables de culture humaniste qui ont leurs entrées à la Cour négocient une réconciliation dont on parle beaucoup, et un compromis sur lequel on se tait. La préparation des Amours en fait-elle partie ? Est-ce un fruit des conseils tactiques donnés par les hommes des bons offices, Jean de Morel, Michel de l'Hospital et peut-être Jean de Brinon ? Rien ne permet de l'affirmer. Mais tout se passe comme si ce livre s'était donné pour mission de désarmer et de séduire le public de Cour, celui qui n'aime que les « petits sonnets pétrarquisés » et une « mignardise d'amour », bien que les sonnets en question soient irrigués par l'imagination héroïque et mythologique de l'auteur des Odes.

Pour parfaire le lancement, Ronsard a pris une initiative sans précédent : il a accompagné son livre d'un supplément musical signé Janequin, Certon, Muret et Goudimel. Tout a été prévu pour faire du nouveau recueil un chansonnier dont les facilités d'utilisation sont étonnantes. Inutile de se mettre beaucoup d'airs en tête : la partition se réduit à six timbres entre lesquels les cent quatre-vingt-deux sonnets sont répartis, et l'écriture musicale est tellement homophonique que c'est un jeu de métamorphoser ces polyphonies à quatre voix en airs de Cour, en chantant la voix principale et en transposant les trois autres sur le luth. On pourra donc, Ronsard en poche, chanter une aubade à sa belle en restant dans le meilleur ton.

On dira que certains sonnets pouvaient sembler abstrus à la dame ou à son galant. Mais qu'à cela ne tienne ! Ronsard a prévu pour la *seconde édition des* Amours *(1553) un commentaire de Muret qui élucide les passages obscurs. Ainsi pour le sonnet XXXI :*

> Légers Daimons, qui tenez de la terre
> Et du haut ciel justement le milieu :
> Postes divins, divins postes de Dieu,
> Qui ses secrets nous apportez grand erre

Muret explique en note : « Les Anciens, et principalement les Platoniques, ont pensé entre le globe de la lune et la terre être la demeure des esprits, qu'ils appellent Daimons, tenant en partie de l'humanité, en partie de la divinité : de celle-ci, en tant qu'ils sont immortels comme les dieux, de celle-là en tant qu'ils sont sujets à passions et affections comme les hommes. Disent davantage que par les moyens d'iceux les choses humaines sont portées aux dieux et les divines sont communiquées. Voir Platon au Banquet *et Ficin au* Commentaire[5]. *» Dans une telle édition le lecteur pouvait bénéficier à la fois du plaisir de l'énigme et de celui du décodage.*

Faut-il voir un nouveau pas vers les concessions au public dans l'orientation vers la « basse lyre » marquée par le Second Livre des Amours *et le personnage de Marie, aussi composite que celui de Cassandre ? Etienne Pasquier en était convaincu. Ce grand lettré n'était pas loin de prendre ce passage du deuxième stade au troisième pour une manière de trahir l'idéal de jeunesse du poète et même sa nature profonde. Quand Ronsard composa ses* Odes *et les* Amours *de Cassandre, écrivait-il à Scévole de Sainte-Marthe, « il se rendit inimitable parce qu'il n'avait d'autre objet que de se contenter soi-même. Mais lorsque sous les noms de Marie et d'Hélène il se propose de complaire aux courtisans, il me semble que je ne lis plus Ronsard, le lisant ».*

Bien que l'appétit de conquête des publics ait toujours été fort chez Ronsard, il n'est pas sûr que cette motivation exclue les autres. Il a été également porté par les tendances de la fin des années cinquante vers la

---

5. Je dois renvoyer ici à l'édition Vaganay, seule édition moderne qui reproduise la version de 1578 avec les commentaires de Muret et Belleau, t. I, p. 36 (voir bibliographie).

poésie familière et bucolique, aussi visibles chez Baïf que chez Olivier de Magny, Tahureau, Du Bellay. Mais, ne l'oublions pas, en même temps que la Continuation des Amours, *Ronsard publie ses magnifiques* Hymnes *et écrit des poèmes et des épîtres qui relèvent du style haut, même quand leur érudition est moins visible. Et les dédicataires de ces hymnes, de ces poèmes, de ces épîtres, appartiennent toujours au même milieu de seigneurs et de grands commis lettrés. Quand le poète s'adresse à Marie pour la rendre fictivement responsable de son changement de style :*

> Ainsi m'avez tourné mon grave premier style
> Qui pour chanter si bas n'était point destiné

il ne cherche pas à lui cacher que le style bas n'est qu'une parenthèse.

Le passage du troisième au quatrième stade représente une mutation encore plus surprenante. Le poète des Odes *et des* Amours *devient écrivain engagé, porte-parole d'une cause pendant une implacable guerre civile, changement de rôle imposé par les circonstances mais endossé avec l'assurance et l'éclat que Ronsard mêle à tous ses actes. A quarante ans le poète est au comble de la gloire. Poète officiel, organisateur et metteur en scène des fêtes de Cour, propagandiste de la politique royale à l'heure où le concile de Trente vient de fermer ses portes, où Calvin et Michel-Ange vont mourir, il se pose en porteparole de la Contre-Réforme sans toujours bien comprendre tout ce qu'elle implique ni prévoir les alliances qu'elle va susciter. Car lui est resté un homme de la pré-Réforme, plus proche des néoplatoniciens du début du siècle que des hommes nouveaux qui préparent les futurs combats entre théologiens jésuites et jansénistes.*

Malgré la violence des courants et contre-courants qui s'affrontent, la civilisation de la Renaissance va se survivre pendant les années soixante-dix, les fêtes continuent, Baïf installe dans sa maison la nouvelle Académie de musique, Ronsard écrit les premiers sonnets à Hélène, Roland de Lassus est reçu à la Cour. Mais les jours du jeune Charles IX sont comptés. Quand sa tuberculose dégénère en phtisie galopante, Ronsard perd son meilleur mécène et son dernier rôle. L'avènement de Henri III va marquer pour lui la retraite, une retraite mélancolique mais confortable de grand homme reconnu, entouré de respect, comblé de bénéfices ecclésiastiques. Ses dernières années ne sont assombries que par le sentiment de n'être plus dans le vent, et par la dégradation de sa santé qui le conduira vers l'enfer des souffrances de la métastase osseuse. Avant de mourir il a encore la force de dicter ses admirables derniers sonnets qui font de cet ancien poète de Cour sur son lit de mort l'ultime héritier de François Villon dont il a retrouvé la voix rauque et les cris.

Sur ce long parcours Ronsard a pu faire l'essai de tous les genres, de tous les tons, de tous les styles, ne s'imitant jamais, toujours prêt à casser le moule après chaque réussite. Aucun poète français n'a mis autant de cordes à sa lyre, et c'est ce qui le rend si rétif aux opérations réductrices. Lui-même n'est parvenu à aucun moment à réduire son œuvre à l'unité, bien que l'envie ne lui en ait pas manqué.

Et pourtant ce n'est pas l'ampleur ou la richesse de l'œuvre de Ronsard qui envoûte ses fervents, c'est le bonheur qu'elle dégage, bien que la mélancolie amoureuse, la frustration, la hantise de la mort, les forces implacables du destin occupent une place beaucoup plus grande que les galanteries dans les œuvres complètes. Les Amours eux-mêmes rendent des sons chargés d'harmoniques dès qu'on renonce à y chercher une pseudo-biographie anecdotique, et d'ailleurs bien trompeuse. Car comment faire le départ entre l'anecdote, les stéréotypes italiens, la stylisation poétique, les trouvailles du langage ? Les larmes sur la mort de Marie sont-elles de vraies larmes ou des larmes d'emprunt versées pour le compte d'un roi à l'occasion de la mort de Marie de Clèves ? Y a-t-il même dans l'idylle avec Marie beaucoup plus qu'un vieux thème de la littérature médiévale : la jeune paysanne courtisée par un seigneur ? On ne le saura sans doute jamais, et peu importe car l'émotion ne cesse d'être un état passif que dans la mesure où la médiation du langage l'élève à un timbre de sensibilité sans commune mesure avec ses origines.

Aucun poète n'a commencé aussi jeune ni continué aussi longtemps à parler de la mort, la mort des rois, la mort des mécènes, des maîtresses, des camarades. Mais aucun ne sait comme lui rester succulent

13

même dans le tragique. Ses épitaphes pour Charles IX ou Artuse de Vernon communiquent une part égale d'émotion et d'enchantement, ses élégies à Marie Stuart sont des lacs de lumière. Si Ronsard est l'Adam de la poésie française, comme le disait Barbey, « ses poésies en sont le Paradis terrestre », et Flaubert devient lyrique lorsqu'il décrit à Louise Colet les transes où le fait entrer la lecture de Ronsard : « Ce matin je lisais tout haut une pièce qui m'a fait presque mal nerveusement, tant elle me faisait plaisir. C'était comme si l'on m'eût chatouillé la plante des pieds. — Nous sommes bons à voir. — Nous écumons, et nous méprisons tout ce qui ne lit pas Ronsard sur la terre. »

Ce que Flaubert avait compris, à une époque où Ronsard venait à peine de sortir du tunnel, c'est que sa poésie est un message de joie. L'étude des lettres, lit-on dans la préface de 1550, est « l'heureuse félicité de la vie, et sans laquelle on doit désespérer ne pouvoir jamais atteindre au comble du parfait contentement ». Au poète, nourrisson des Muses, il appartient de restituer cet état de bonheur par la médiation des mots. Il n'a pas besoin de décrire la Nature : il la manifeste, il communique la sensation physique de sa présence. Par son ode superbe « De la venue de l'Eté » il nous précipite dans une étuve en évoquant :

> L'étincelante canicule
> Qui ard, qui cuit, qui boût, qui brûle,
> L'ardeur nous lance de là-haut.

Il peut nous faire trembler de froid en parlant, ailleurs, du retrait du soleil, de l'horreur de décembre :

> Or' que le ciel, or' que la terre est pleine
> De glas, de grêle éparse en tous endroits,
> Et que l'horreur des plus froidureux mois
> Fait hérisser les cheveux de la plaine...

La fonte des neiges s'insinue comme une caresse par le miracle des phonèmes sensuellement fluides :

14

> Sur le printemps la froide neige fond
> En eau qui fuit par les rochers coulante.

Et qui pourrait mieux rendre l'automne des saisons et des vies que le vers sur « la rose du soir qui au soleil se lâche » ? Quand il interpelle Artuse de Vernon pour métamorphoser la jeune morte en créature mythique, c'est à nouveau un phonème qui le porte, plus encore qu'Ovide :

> Artuse ? Non, je faux, c'est toi nymphe Aréthuse
> Qui de tes claires eaux la source a fait tarir...

S'il arrive parfois, mais rarement, qu'une poésie de Ronsard ait pour axe une idée, le plus souvent l'idée cache un ou plusieurs thèmes rythmiques ou visuels autour desquels tout s'ordonne. Ce qui frappe dans la superbe élégie à Marie Stuart, c'est l'entrecroisement d'une touche de couleur et du thème du vent. Blancs les doigts et la gorge de la reine, blancs le voile de deuil royal, les voiles du bateau qui va la conduire en Écosse, l'écume des vagues, les cygnes de Fontainebleau, et au milieu de tout, le vent, dans le voile de la jeune veuve, dans la voilure du bateau, sur les vagues de la mer du Nord. Entre ces deux thèmes un contrepoint serré à en couper le souffle, les rebondissements d'une strophe à l'autre, les accélérations, les ralentissements de rythme, la vision d'une princesse éclatante et jeune qui s'embarque en larmes pour un nouveau destin qu'on devine être la mort, tout contribue à faire naître un climat complexe de sourde angoisse et d'incompréhensible bonheur. Plus qu'une catharsis, *c'est l'immobilisation d'un état dramatique qui se met à fleurir.*

Dans l'écriture, Ronsard a trouvé une potion contre l'angoisse. Il n'avait rien du viveur aimable dont l'image a été transmise par la tradition scolaire sur la foi d'une sélection qui privilégiait le léger et le joli. En dépit de ses airs fanfarons, de ses certitudes affichées, de son violent goût de la vie, Ronsard est un grand anxieux, toujours prêt à chercher en lui, autour de lui, de nouveaux objets sur lesquels fixer l'inquiétude qui l'habite : indifférence des Grands, jalousies de collègues, morts, frustrations amoureuses, prébendes qui s'accumulent à un rythme trop lent pour lui qui en veut toujours plus.

Il appartient à une génération condamnée aux désenchantements. Né sous François Ier, son enfance et sa jeunesse ont été portées par les vagues de la Renaissance fraîche et joyeuse du début de siècle dont il a recueilli les bénéfices sous Henri II, mais il achève sa vie au terme de vingt-cinq ans de guerres civiles qui remettent en jeu l'existence de la communauté nationale. L'ambassadeur de Venise à Paris, avant d'entrer dans la description de l'état de la France au début des années soixante, commençait son rapport par des considérations sur la précarité des choses humaines. Un accident de tournoi n'avait-il pas suffi pour faire sombrer dans le chaos le plus riche et le plus puissant royaume d'Europe ? Ronsard est mort un quart de siècle plus tard, au pire moment du règne de Henri III, quand les plus optimistes avaient à peine la force d'espérer un miracle.

On comprend l'obsession du destin qui plane comme un cauchemar sur la seconde moitié de l'œuvre du poète. Elle pèse sur sa vision de la patrie en danger, elle le fait glisser périodiquement vers le déterminisme astrologique, à la manière de Jean Bodin qui, à la même époque, voyait dans les astres le moteur des grandes mutations historiques[6]. Non qu'il récuse la Providence, mais il veut voir dans les astres les signes visibles des lois divines, l'écriture même du Créateur qu'il faut déchiffrer :

> Par les astres du Ciel qui sont ses caractères
> Les choses nous prédit et bonnes et contraires[7].

Fidèle au compromis des théologiens du Moyen Age adopté le plus souvent par les néo-platoniciens, il attribue à Dieu une influence directe sur les âmes, et sur les corps une action médiatisée par les astres. Il est moins ferme que Bodin quant à l'effet des conjonctions astrales sur les événements. Il lui arrive même d'en douter, en temps de paix, et de revendiquer, dans le discours sur l'« Altération des choses humaines », une place pour les inclinations du tempérament national, pour le caractère et l'initiative des rois, sans parler des lois naturelles. Mais à mesure que les catastrophes s'accumulent, sa confiance dans

6. Jean Bodin, *Methodus ad facilem historiarum cognitionem*, 1566.
7. « Élégie à Hélène. »

les marges de liberté s'amenuise, il sombre dans le fatalisme et ne craint pas d'avouer, dans son discours à Nicolas de Neufville :

> ... J'ai vu que sous la lune
> Tout n'était que hasard et pendait de Fortune.
> Pour néant la prudence est guide des humains :
> L'invincible Destin lui enchaîne les mains,
> La tenant prisonnière, et tout ce qu'on propose
> Sagement la Fortune autrement en dispose.

Ronsard n'a jamais mis en doute, par contre, la caractérologie astrologique. Né sous le signe de Saturne comme Ficin, il attribue, comme lui, à sa planète la vocation qui le sépare des autres, sa nature ombrageuse, les contretemps qu'il prend pour des malheurs. A plus d'une reprise il a détaillé sans complaisance les traits de caractère qu'il croit tenir de son « Saturne ennemi ». L'autoportrait de l'« Elégie à Grévin » est significatif :

> Je suis opiniâtre, indiscret, fantastique,
> Farouche, soupçonneux, triste et mélancolique,
> Content et non content, mal propre et mal courtois,
> Au reste craignant Dieu, les princes et les lois.

Chef d'école aussi jalousé qu'admiré, sachant comme pas un jouer du coude et tirer les sonnettes, en fin de course il est très seul. Autour de lui beaucoup de relations de métier ou d'affaires, peu d'amis. Il s'est mal employé, à vrai dire, à conserver les siens. Il n'a pas su entourer Du Bellay revenu de Rome déçu, malade et progressivement muré dans la surdité intégrale. Il a laissé le rôle d'ami-confident à Jean de Morel. Avec son plus ancien camarade, Antoine de Baïf, il n'a plus que des rapports orageux entrecoupés de brouilles et de réconciliations. Seul Remi Belleau, récente conquête, reste un ami de cœur, et quand il disparaît prématurément, lui aussi, en 1577, Ronsard perd son dernier confident. Isolé dans ce désert affectif que lui ménagent les amitiés boiteuses et les amours de tête ou de parade qui ont succédé aux joyeux ébats sensuels et sans lendemain de sa jeunesse, face à un destin collectif qui ne cesse d'empirer, il a recours plus que jamais aux thérapies de l'écriture et de la magie blanche.

Devant les menaces de la fatalité astrale, l'humaniste italien qui représente pour les Français de la première moitié du siècle la plus haute instance philosophique, Marsile Ficin, diffusé et vulgarisé par Symphorien Champier et Pontus de Tyard, avait préconisé l'emploi des astres les uns contre les autres. Pourquoi ne pas se servir de l'influx d'astres bénéfiques tels que le soleil et Jupiter contre celui des astres maléfiques ? Pour réussir cette conjuration de l'ombre par la lumière, Ficin proposait une action sur trois niveaux, établis suivant les normes de la médecine du temps : agir sur les esprits animaux par les rites du vin, les nourritures légères et aromatiques ; sur les esprits vitaux par l'air ensoleillé et des fumigations spécifiques ; sur les esprits naturels par une musique apollinienne composée sur un certain mode et chantée au soleil levant[8].

Dans « Le Folâtrissime voyage d'Arcueil » Ronsard met en scène un spectacle assez comparable dont l'acteur principal et le meneur de jeu est Daurat, qui a, en fin d'année universitaire, organisé une partie de campagne avec pique-nique pour ses étudiants du collège Coqueret. Une fois les langues déliées par le vin blanc qu'on a mis à fraîchir dans la fontaine d'Arcueil, la conversation s'anime, et voilà qu'au moment où le soleil descend à l'horizon, Daurat se lève et se met à chanter une ode latine à Hercule qui s'achève sur une invocation à Bacchus et à Apollon. Quelques années plus tard, au terme d'un essai dialogué sur l'inspiration poétique, un autre membre de la Pléiade, Pontus de Tyard, se met en scène et, luth en main sur l'insistance de son inspiratrice et interlocutrice, chante une ode au dieu solaire[9]. Et quand Ronsard a voulu accompagner la première édition des Amours et du cinquième livre des Odes par un supplément musical, il a choisi la plus initiatique de ses odes, dédiée à Michel de L'Hospital, pour la

8. Ficin a fait la théorie de ce type de musique dans ses *Conclusiones orphicae*. Cf. D.P. Walker, *Spiritual and Demonic Magic from Ficino to Campanella*, Londres, 1958, pp. 18 sq. et 22 sq.

9. Pontus de Tyard, *Solitaire premier*, Lyon, 1552. Réédition Droz, Genève, 1950, pp. 75-77.

pourvoir d'une partition musicale spécifique alors que les timbres destinés aux sonnets d'amour étaient, nous l'avons vu, des passe-partout applicables chacun à une trentaine de textes qui n'avaient de commun que leur structure métrique.

Il ne faudrait pas croire que Jupiter, Apollon et les Muses, tels qu'ils sont présentés ici, ne sont que des figures décoratives ou des allégories. Ces Muses sont des brunettes agiles et diablement bien incarnées, l'Apollon de cette ode et des autres n'est pas seulement l'inspirateur des Muses, le médiateur de Zeus, mais le soleil visible et la figure astrologique dont l'influx peut devenir une arme défensive. Ce n'est pas le hasard qui a fait donner une telle importance au thème solaire. Les poètes du Moyen Age avaient été les chantres du printemps, et leurs stéréotypes sur le mois de mai se sont transmis de main en main jusqu'au XIXe siècle, mais il est infiniment plus rare de voir chanter la canicule comme l'a fait Ronsard toute sa vie, depuis la superbe « Ode de la venue de l'Eté », écrite à vingt-trois ans, jusqu'à « L'Hymne de l'Eté », aux églogues, aux « Nues », et à une section de la « Remontrance au peuple de France ».

L'appel à la puissance du soleil alterne parfois avec l'incantation, l'imprécation, quand rien n'est négligé pour imposer aux êtres ou aux choses une implacable volonté de puissance : impératifs en staccato, effets de répétition, d'accumulation, force des mots martelés, effervescence des saillies baroques, toutes choses que l'on trouve aussi bien dans les sonnets à Cassandre que dans les odes à la sorcière, les Hymnes, la Réponse aux injures, et qui ont toujours déconcerté la critique académique, de Sainte-Beuve jusqu'à Laumonier. Le tout est de savoir si nous décidons d'accepter la poésie baroque pour ce qu'elle est.

L'« Ode à Michel de L'Hospital » est un texte privilégié à cet égard. On y voit, superposés et conjugués, trois moyens d'expression familiers à Ronsard : incantation, musique, mythologie. Une mythologie qui n'est ni convention ni archaïsme, mais un langage codé qui peut se lire sur plusieurs niveaux : antique, cosmique, astrologique, allégorique, et cette écriture sur double et triple corde a toujours dérouté les fervents de la lecture linéaire. Dans une ode telle que l'« Avant-venue du printemps » le taureau, déguisement de Zeus pour l'enlèvement de *la belle Europe, est en même temps figure de légende mythologique, signe zodiacal du printemps qui, en avril, ouvre « les portes de l'an nouveau », signe astrologique qui communique son agressivité à ses natifs. Puis le mythe d'Europe déclenche par induction un autre mythe : celui de Proserpine enlevée par Hadès, entraînée au royaume des morts et relâchée deux mois par an sur l'ordre de Zeus pour le renouveau de la végétation. Mais le printemps des saisons, annoncé par deux fois, est aussi le printemps du désir figuré par Zeus qui se rue sur la terre pour la fertiliser, et il est encore la saison du départ pour la guerre. Le printemps des saisons attire une dernière image : le printemps de l'humanité, l'âge d'or définitivement révolu, semble-t-il, alors que les saisons, chaque année, recommencent leur cycle. On trouve ici déjà, dans cette œuvre de jeunesse, l'un des thèmes qui vont marquer Ronsard : la confrontation entre la précarité du temps et l'immutabilité du cosmos.*

Un poète n'est pas tenu de faire du temps l'un de ses paramètres. Le plus illustre des prédécesseurs de la Pléiade, Maurice Scève, avait spéculé sur la suspension du temps, le refus des mouvements extérieurs et l'organisation poétique du vide créé par ce refus, l'élaboration d'une sorte de temps circulaire non évolutif, rythmé par la succession ininterrompue de strophes et de dizains étales, l'aménagement de l'absence de temps dans le temps. Ce type de poésie est peu fréquent, chez Ronsard, mais on le trouve représenté par quelques chefs-d'œuvre, le plus beau étant peut-être « La Fontaine d'Hélène ». Beaucoup plus engagé que Scève dans le monde et la vie, il ne peut, lui, échapper tout à fait au temps. Il évite d'être englouti par lui en le situant toujours par rapport à un invariant, la fixité mouvante du cosmos, l'absolu divin, ou le temps cyclique des saisons qui confirme la permanence par l'impermanence.

Les astres provoquent une sorte de fascination angoissée chez Ronsard. Pour se faire une idée de ce qu'ils sont pour lui, il ne faut pas perdre de vue les postulats communs aux philosophies et aux sciences des XVe et XVIe siècles sur le parallélisme et l'interdépendance du macrocosme et du microcosme. Même les plus grands pionniers de la science moderne en fin de siècle n'ont pas pu s'évader tout à fait de l'univers mental de l'analogie. C'est ainsi qu'on peut lire sous la plume de Kepler : « Rien n'existe, rien n'arrive dans le ciel visible dont le sens ne peut être étendu à la terre, aux êtres et aux choses par des voies occultes, et leurs facultés vitales en sont affectées au même titre que le ciel lui-même. » Tels sont les postulats, acceptés par presque tous les contemporains, qui permettent au Ronsard de l'« Hymne des Etoiles » d'affirmer :

> Du Ciel les ministres vous êtes
> Et agréable n'avez pas
> Qu'un autre fasse rien çà-bas
> Ni là-haut si vous ne le faites.

Il ne suffit donc pas d'admirer les étoiles, il faut savoir les lire, décoder leurs messages. Quand il compare dans l'« Hymne de l'Hiver » la philosophie naturelle — ce que nous appelons aujourd'hui les sciences — et la philosophie morale, Ronsard n'hésite pas à mettre la première très au-dessus de la seconde, le céleste avant le terrestre. Or, pour un homme de ce temps, la philosophie naturelle c'est Aristote dont l'encyclopédie des connaissances humaines n'a pas encore été remplacée, et qui n'est pas récusée sur le plan scientifique, même par ceux qui se réclament de Platon dans le domaine de la philosophie morale.

Pour un poète aussi sensible que Ronsard à l'harmonie de la Nature, à l'équilibre du cosmos, la philosophie naturelle à l'ancienne offrait un système globalisant du savoir dans lequel tout se tient, un univers compact, harmonieux, que la poésie peut rendre comestible sans lui retirer ses pouvoirs de menace. La science positive ne l'a pas encore quantifié, et la « physique des qualités » d'Aristote confère aux éléments des réactions passionnelles d'amour, d'indifférence ou de phobie qui permettent à chacune des joies, des désirs ou des frayeurs du poète de se répercuter jusqu'aux confins du cosmos en déchaînant des phénomènes d'écho. Pas une nuance du désir dans les Odes ou les Amours qui ne se trouve un équivalent dans les pouvoirs de germination de la Nature, le déferlement des forces élémentaires, le vent, le soleil et la foudre.

Devant cet univers érotisé, effervescent, beaucoup ont crié au paganisme, du vivant même de Ronsard. Sur ce point huguenots et catholiques de la Contre-Réforme s'accordaient aux dépens du vieux poète. Ils faisaient là un double contresens historique sur le contenu du paganisme et sur celui du christianisme de la pré-Réforme, qui n'a pas encore culpabilisé la chair au maximum ni mesuré sa confiance aux effets de la rénovation rédemptrice.

Dans le De christiana religione, *le plus célèbre de ses traités religieux et le plus proche de Nicolas de Cuse, Marsile Ficin affirme que la Rédemption n'a pas été au bénéfice de l'homme seul mais de l'univers tout entier, qu'elle a été une sorte de seconde création apte à transcender la première. Sur ses traces Léonard de Vinci ajoutait que désormais la science poursuit par la raison et l'art par l'imagination ce que le miracle rédempteur avait inauguré[10]. Dans tous ces énoncés on retrouve l'essence d'une philosophie de la création, implicite dans la Renaissance du* quattrocento *et acclimatée en terre française en ce milieu de XVIe siècle. C'est elle qui inspire à Ronsard, en réponse aux attaques protestantes contre son épicurisme, une position qu'il résume en un vers splendide :*

Nous regardons le ciel et respirons le vent.

Dans cette Nature acceptée, assumée, et presque sanctifiée, on comprend mieux l'importance que prennent les saisons. Elles disent à la fois l'impermanence des phénomènes et la pérennité de la Nature, le désir, l'élan vital, la fertilité et la mort indéfiniment suivie de nouveaux cycles, imperturbables comme les astres dont le poète a si bien su chanter la danse et les influx. Grâce au temps cyclique les saisons oublient d'être une séquence de phases pour devenir une liturgie

10. Ernst Cassirer a traité ce problème avec sa perspicacité habituelle dans le chapitre II de son beau livre *Individuum und Kosmos in der Philosophie der Renaissance,* Leipzig, 1927 (traduit en français par Pierre Quillet, Éditions de Minuit, Paris, 1983).

cosmique. « La création sous nos yeux n'était qu'un fait. La voici qui, subjuguée par la prosodie, est devenue le paradis de la nécessité. »

Ce n'est pas de Ronsard que parle ici Claudel, mais de Virgile, et il est significatif que les rôles soient interchangeables à ce point. Comme Virgile auquel Flaubert déjà le comparait en le trouvant encore plus grand, Ronsard est le seigneur de la poésie dans sa langue, car il a su avec les matériaux de son époque et la magie des mots nous faire humer l'oxygène des âges d'or.

Gilbert Gadoffre

NOTICE

Ce florilège n'est pas fondé sur l'ordre de succession des recueils, il est thématique et non chronologique, les poèmes étant regroupés par rapport à leurs affinités avec les quatre saisons de l'année. Ronsard lui-même a utilisé cet artifice pour présenter quatre de ses poèmes (*Les Quatre Saisons de l'an,* en 1563). Ce n'est pas la célébrité d'un texte ou son caractère représentatif qui nous l'a fait choisir, mais sa beauté. Devant un tel poète, la délectation est le premier devoir.

De son vivant Ronsard a publié six éditions de ses œuvres complètes, tranchant, ajoutant, corrigeant, modifiant chaque fois, ce qui plonge dans la perplexité ceux qui entreprennent de l'éditer. Quelle version choisir ?

Une réponse vient d'abord à l'esprit : adopter la première version de chaque texte, car dans certains cas Ronsard a voulu simplifier ses œuvres de jeunesse en les tirant vers le style bas : il supprime alors les mots rares, les tournures recherchées, les allusions mythologiques trop abstruses. Ainsi le sonnet :

> *O de népenthe et de liesse pleine,*
> *Chambrette heureuse où deux heureux flambeaux,*
> *Les plus ardents du ciel, et les plus beaux,*
> *Me font escorte après si longue peine*

Dans les éditions tardives Ronsard a gommé le mot « népenthe » trop grec et le mot « liesse » trop médiéval ainsi que l'allusion aux deux flambeaux célestes que sont les yeux de la dame. Le quatrain corrigé est aussi lisible qu'incolore :

> *O, de repos et d'amour toute pleine,*
> *Chambrette heureuse...*

Les cicatrices sont visibles. Pour moderniser son texte, Ronsard s'est privé des phonèmes conducteurs de courant poétique et ne réussit qu'à l'aplatir. Mais on trouve aussi le cas inverse où la trouvaille poétique ne surgit qu'après plusieurs manipulations, dans une édition tardive. Henri Weber a admirablement analysé les métamorphoses successives qui ont abouti au charmant sonnet du chevreuil (n° 13) où les plus beaux traits (« la poignante gelée »... et « la feuille emmiellée ») ne sont empruntés ni au prototype de Bembo ni à la première édition des *Amours*. C'est à la seconde et à la dernière édition, après quelques hésitations, qu'on trouve ce qui fait de ce sonnet un petit chef-d'œuvre. Aucune des six éditions ne peut donc donner la garantie du meilleur texte.

Nous avons adopté pour la plupart des textes le dernier état contrôlé par Ronsard, c'est-à-dire l'édition de 1584, sauf naturellement pour les pièces retranchées et les poèmes posthumes. Nous nous sommes écartés du dernier état du texte lorsque la première version ou celle de 1578 nous ont semblé supérieures.

Outre les titres de chapitres sous lesquels nous avons regroupé les poèmes thématiquement, nous sommes intervenus dans le texte de Ronsard sur les point suivants :

— Nous avons modernisé l'orthographe des titres de poèmes, contrairement à celle du texte que nous respectons. Nous avons ajouté des titres à certains poèmes ; ces titres, qui ne sont pas de Ronsard, sont imprimés en majuscules italiques. Dans certains cas, lorsque le titre du poème avait disparu dans la dernière édition, nous avons rétabli celui qui figurait dans la première (n°s 4, 27, 32, 43, 64, 77, 95, 130).

— Nous avons de même rétabli certains dédicataires qui avaient disparu dans la dernière édition (n°s 2, 30, 35, 61, 62, 63, 72).

Signalons enfin que les astérisques renvoient à l'index.

PREMIÈRE PARTIE

PRINTEMPS

I. Le printemps des saisons

1

ODE DE L'AVANT-VENUE
DU PRINTEMPS

Toreau qui dessus ta crope*
Enlevas la belle Europe
Parmy les voyes de l'eau,
Heurte du grand Ciel la borne,
Et descrouille* de ta corne
Les portes de l'an nouveau.

Toy, vieillard, dont la main serre
Sous ta clef ce que la terre
De siecle en siecle produit,
Ouvre l'huis à la Nature,
Pour orner de sa peinture
Les champs de fleurs et de fruict.

Vous, Nymphes des eaux, qui estes
Au frein des glaces sujettes,
Levez vostre chef dehors,
Et mollissant vostre course
D'une trepignante source
Frappez librement voz bors,

Afin que la saison verte
Se monstre aux amans couverte
D'un tapis marqué de fleurs,
Et que la campagne face
Plus jeune et gaye sa face
Peinte de mille couleurs,

Et devienne glorieuse
De se voir victorieuse
Sur l'hyver injurieux,
Qui fier l'avoit offencée
De mainte gresle eslancée
Et d'orage pluvieux.

Ores en vain il s'efforce,
Car il voit desja sa force
Par le chaud se consumer
Sous le beau jour qui s'allonge,
Et qui ja tardif se plonge
Dans le giron de la mer.

Jupiter d'amour s'enflame,
Et dans le sein de sa femme
Tout germeux se va lançant,
Et meslant sa force en elle,
De sa rosee eternelle
Va son ventre ensemençant,

Si qu'elle estant en gesine
Respand sa charge divine
Sur la terre, à celle fin
Que la terre mesme enfante,
De peur que ce Tout ne sente
En ses membres quelque fin.

Amour qui Nature esveille,
Amenant pres de l'oreille
Son arc prest à descocher,
L'enfonce de telle sorte,
Que la poitrine est bien forte,
Qui resiste à tel archer.

Du grand air la bande ailee,
De l'eau la troupe escaillee
Contrainte du dard veinqueur,
Ny dans l'eau ny par les nues
N'esteint les flames congneues
De tous ceux qui ont un cœur.

La charrette vagabonde
Qui court sur le doz de l'onde,
Oisive au port paravant,
Laschant aux voiles les brides,
Va par les plaines humides
De l'Occident au Levant.

Nos soldars chargent la pique,
Voire et tant l'honneur les pique,
Qu'avant le temps attendu
Du veillant soldart d'Espagne,
Ils ont ja dans la campagne
Leur camp par tout espandu.

Du Printemps la saison belle,
Quand la terre estoit nouvelle,
L'an paisible conduisoit ;
Du Soleil qui nous esclaire
La lampe eternelle et claire
Tiede par tout reluisoit.

Mais la main des Dieux jalouse
N'endura que telle chouse
Suivist son train coustumier,
Ains changeant le premier vivre,
Fist une saison de cuivre
En lieu du bel or premier.

Lors la Vere* donna place
Au chaud, au vent, à la glace,
Qui renaissent à leur tour,
Et le sapin des valées
Sauta sur les eaux salées
Qui nous baignent à l'entour.

On ouït sonner les armes,
On ouït par les alarmes,
Rompre harnois et couteaux,
Et les lames acerées
Sur les enclumes ferrées
S'amollir souz les marteaux.

On inventa les usages
D'empoisonner les bruvages,
Et l'art d'espandre le sang.
Les maux du coffre sortirent,
Et les hauts rochers sentirent
La foudre dessus leur flanc.

2

CHANSON

EN FAVEUR DE
MADEMOISELLE DE LIMEUIL

Quand ce beau Printemps je voy,
J'apperçoy
Rajeunir la terre et l'onde,
Et me semble que le jour,
Et l'amour,
Comme enfans naissent au monde.

Le jour qui plus beau se fait,
Nous refait
Plus belle et verde la terre,
Et Amour armé de traits
Et d'attraits,
En nos cœurs nous fait la guerre.

Il respand de toutes parts
Feux et dards
Et domte sous sa puissance
Hommes, bestes et oiseaux,
Et les eaux
Luy rendent obeïssance.

Venus, avec son enfant
Triomphant
Au haut de son coche assise,
Laisse ses cygnes voler
Parmy l'air
Pour aller voir son Anchise*.

Quelque part que ses beaux yeux
                    Par les cieux
Tournent leurs lumieres belles,
L'air qui se monstre serein,
                    Est tout plein
D'amoureuses estincelles.

Puis, en descendant à bas,
                    Sous ses pas
Naissent mille fleurs écloses ;
Les beaux lis et les œillets
                    Vermeillets
Rougissent entre les roses.

Je sens en ce mois si beau
                    Le flambeau
D'Amour qui m'eschaufe l'ame,
Y voyant de tous costez
                    Les beautez
Qu'il emprunte de ma Dame.

Quand je voy tant de couleurs
                    Et de fleurs
Qui esmaillent un rivage,
Je pense voir le beau teint
                    Qui est peint
Si vermeil en son visage.

Quand je voy les grands rameaux
                    Des ormeaux
Qui sont lassez de lierre,
Je pense estre pris és las
                    De ses bras,
Et que mon col elle serre.

34

Quand j'entens la douce vois
Par les bois
Du gay rossignol qui chante,
D'elle je pense jouÿr,
Et ouÿr
Sa douce voix qui m'enchante.

Quand je voy en quelque endroit
Un pin droit,
Ou quelque arbre qui s'esleve,
Je me laisse decevoir,
Pensant voir
Sa belle taille et sa gréve*.

Quand je voy dans un jardin,
Au matin,
S'esclorre une fleur nouvelle,
J'accompare le bouton
Au teton
De son beau sein qui pommelle.

Quand le Soleil tout riant
D'Orient
Nous monstre sa blonde tresse,
Il me semble que je voy
Devant moy
Lever ma belle maistresse.

Quand je sens parmy les prez
Diaprez
Les fleurs dont la terre est pleine,
Lors je fais croire à mes sens
Que je sens
La douceur de son haleine.

Bref, je fais comparaison
             Par raison
Du Printemps et de m'amie :
Il donne aux fleurs la vigueur,
             Et mon cueur
D'elle prend vigueur et vie.

Je voudrois, au bruit de l'eau
             D'un ruisseau,
Desplier ses tresses blondes,
Frizant en autant de nœus
             Ses cheveux,
Que je verrois frizer d'ondes.

Je voudrois, pour la tenir,
             Devenir
Dieu de ces forests desertes,
La baisant autant de fois
             Qu'en un bois
Il y a de feuilles vertes.

Hà ! maistresse, mon soucy,
             Vien icy,
Vien contempler la verdure !
Les fleurs de mon amitié
             Ont pitié,
Et seule tu n'en as cure.

Au moins leve un peu tes yeux
             Gracieux,
Et voy ces deux colombelles.
Qui font naturellement,
             Doucement,
L'amour du bec et des ailes ;

Et nous, sous ombre d'honneur,
　　　　Le bon-heur
Trahissons par une crainte :
Les oiseaux sont plus heureux
　　　　Amoureux,
Qui font l'amour sans contrainte.

Toutesfois ne perdons pas
　　　　Nos esbats
Pour ces loix tant rigoureuses ;
Mais si tu m'en crois, vivons,
　　　　Et suivons
Les colombes amoureuses.

Pour effacer mon esmoy,
　　　　Baise moy,
Rebaise moy, ma Deesse !
Ne laissons passer en vain
　　　　Si soudain
Les ans de nostre jeunesse.

3

ODE AU BEL AUBÉPIN

Bel aubepin, fleurissant,
　　　　Verdissant
Le long de ce beau rivage,
Tu es vestu jusqu'au bas
　　　　Des longs bras
D'une lambrunche* sauvage.

Deux camps de rouges fourmis
Se sont mis
En garnison sous ta souche ;
Dans les pertuis de ton tronc
Tout du long
Les avettes* ont leur couche.

Le chantre rossignolet
Nouvelet,
Courtisant sa bien-aimée,
Pour ses amours alleger
Vient loger
Tous les ans en ta ramée.

Sur ta cime il fait son ny
Tout uny
De mousse et de fine soye,
Où ses petits esclorront,
Qui seront
De mes mains la douce proye.

Or vy gentil aubepin,
Vy sans fin,
Vy sans que jamais tonnerre,
Ou la coignée, ou les vents,
Ou les temps
Te puissent ruer par terre.

ODE À L'ALOUETTE

T'oseroit bien quelque Poëte
Nier des vers, douce Alouëte ?
Quant à moy, je ne l'oserois :
Je veux celebrer ton ramage
Sur tous oiseaux qui sont en cage,
Et sur tous ceux qui sont és bois.

Qu'il te fait bon ouïr ! à l'heure
Que le bouvier les champs labeure,
Quand la terre le Printemps sent,
Qui plus de ta chanson est gaye,
Que courroucée de la playe
Du soc qui l'estomac luy fend.

Si tost que tu es arrosée
Au poinct du jour de la rosée,
Tu fais en l'air mille discours ;
En l'air des ailes tu fretilles,
Et pendue en l'air tu babilles
Et contes aux vents tes amours.

Puis d'enhaut tu te laisses fondre
Sur un sillon verd, soit pour pondre,
Soit pour esclorre, ou pour couver,
Soit pour apporter la bechée
A tes petits ou d'une achée,
Ou d'une chenille ou d'un ver.

Lors moy, couché dessus l'herbette,
D'une part j'oy ta chansonnette ;
De l'autre, sus du poliot*,

A l'abry de quelque fougere
J'escoute la jeune bergere
Qui desgoise son lerelot.

Lors je dy : Tu es bien-heureuse
Gentille aloüette amoureuse,
Qui n'as peur ny souci de riens,
Qui jamais au cœur n'as sentie
Les desdains d'une fiere amie,
Ny le soin d'amasser des biens ;

Ou si quelque souci te touche,
C'est lors que le Soleil se couche,
De dormir et de resveiller
De tes chansons avec l'Aurore
Et bergers et passans encore,
Pour les envoyer travailler.

Mais je vis tousjours en tristesse
Pour les fiertez d'une maistresse
Qui paye ma foy de travaux,
Et d'une plaisante mensonge,
Mensonge qui tousjours allonge
La longue trame de mes maux.

5

AVANT-ENTRÉE DU ROI
HENRI II

(...) A sa venue il semble que la Terre
Tous ses tresors de son ventre deserre,
Et que le Ciel ardentement admire

Leurs grands beautés, où d'en-haut il se mire
Enamouré, et courbe tout expres
Ses larges yeux pour les voir de plus pres.

   Telle saison le vieil age eprouva
Quant le Chaos demellé se trouva,
Et de son poix la Terre balancée
Fut des longs doits de Neptune embrassée,
Lors que le Ciel se voutant d'un grand tour
Emmantela le monde tout autour.

   Jà du Soleil la tiede lampe alume
Un autre jour plus beau que de coustume.
Jà les forests ont pris leurs robes neuves,
Et moins enflés glissent aval les fleuves,
Hastés de voir Thetys qui les attend,
Et à ses fils son grand giron estend,

   Entre lesquels la bien-heureuse Seine
En floflotant une joie demeine,
Peigne son chef, s'agence et se fait belle,
Et d'un hault cri son nouveau Prince appelle.

   Io, Paris, voici le jour venir
Dont nos neveus se doivent souvenir,
Et dans lequel seront apparoissans
Et arcs, et traits, et carquois, et croissans,

   Qui leur rondeur parfaite rempliront,
Et tout le cerne en brief accompliront,
A celle fin que leur splendeur arrive
De l'Ocean à l'une et l'autre rive.

   Au jour sacré de la Roialle entrée,
Que la Princesse en drap d'or acoustrée
Brave apparoisse, et la Bourgeoise face
Tous les amours nicher dedans sa face.
Que du plus haut des fenestres on rue
Les lis, les fleurs, les roses en la rue
De çà et là ; que le peuple ne voie
Sinon pleuvoir des odeurs par la voie (...)

SUR LA NAISSANCE
DU DUC DE BEAUMONT
fils aîné du duc de Vendôme

Que Gastine ait tout le chef jaunissant
De maint citron et mainte belle orange ;
Que toute odeur de toute terre estrange
Aille par tout noz vergers remplissant ;
    Le Loir soit laict, son rempart verdissant
En un tapis d'esmeraudes se change ;
Et le sablon*, qui dans Braye* se range,
D'arenes d'or soit par tout blondissant.
    Pluve le Ciel des parfums et des roses,
Soient des grands vents les haleines encloses,
La mer soit calme, et l'air plein de bon-heur,
    Ce jour nasquit l'heritier de mon maistre :
File-luy, Parque, un beau filet d'honneur,
Puis aille au Ciel de Nectar se repaistre.

SONNET À CASSANDRE

Or'* que Jupin espoint de sa semence
Hume à longs traits les feux accoustumez,
Et que du chaut de ses reins allumez
L'humide sein de Junon ensemence :
    Or' que la mer, or' que la vehemence
Des vents fait place aux grans vaisseaux armez,

Et que l'oiseau parmy les bois ramez,
Du Thracien les tançons* recommence :
    Or' que les prez, et ore que les fleurs
De mille et mille et de mille couleurs,
Peignent le sein de la terre si gaye.

    Seul et pensif, aux rochers plus segrets,
D'un cœur muet je conte mes regrets,
Et par les bois je vay celant ma playe.

II. *Le printemps du désir*

8

STANCES DES AMOURS
D'EURYMÉDON
ET DE CALLIRÉE

J'ay quitté le rempart si long temps defendu :
Je ne me puis trouver, tant je me suis perdu.
Amour traict dessus traict mon repos importune :
D'une flame il fait l'autre en mon cœur r'allumer.
Par trop aimer autruy je ne me puis aimer :
De ma serve vertu triomphe la Fortune.

Ma puissance me nuit : je veux tout, et ne puis :
Je ne sçay que je fais, je ne sçay qui je suis :
En egale balance est ma mort et ma vie,
Le Destin me contraint, la Raison m'a laissé :
Je suis comme Telefe*, estrangement blessé :
Je veux tout, et mon tout n'est sinon qu'une envie.

Mon espoir est douteux, mon desir est certain,
Mon courage est couard, superbe est mon dessein :
Je ne suis resolu qu'à me faire la guerre.
Mes pensers au combat contre moy se sont mis :
J'ay mon cœur pour suspect, mes yeux pour ennemis :
Une main me delasse, et l'autre me resserre.

L'Astre qui commandoit au poinct que je fus né,
De dangereux aspects estoit infortuné.
Sa face en lieu d'un jour d'une nuict estoit pleine :
Il renversa sur moy les raiz de son malheur.
Du Ciel trop ennemy proceda ma douleur,
Condemnant du berceau ma jeunesse à la peine.

Il estoit par Destin dans le Ciel arresté,
Qu'à vingt ans je devois perdre ma liberté
Pour servir une Dame autant belle qu'honneste,
Charger mes yeux de pleurs, ma face de langueur :
Qu'Amour devoit porter en triomphe mon cœur,
Et pendre ma jeunesse à son arc pour conqueste.

La chose est arrivée, il n'en faut plus douter.
Le lien de mon col je ne sçaurois oster :
Il faut courir fortune. O belle Callirée
Servez moy de Pilote et de voile et de vent :
Autre Astre que vostre œil je ne vay poursuivant :
Pource je vous invoque, et non pas Cytherée*.

Si n'aimer rien que vous, tousjours en vous penser,
D'un penser qui s'acheve, un autre commencer,
Ma nature changer, et en prendre une neuve,
Ne donner aux souspirs ne tréves ny sejour :
Madame, si cela se doit nommer Amour,
Plus parfait amoureux au monde ne se treuve.

Mon corps est plus leger que n'est l'esprit de ceux
Qui vivent, en aimant, grossiers et paresseux :
Et tout ainsi qu'on voit s'evaporer Mercure
Au feu d'un Alchimiste, et s'en-voler en rien :
Ainsi dedans le ciel mon corps qui n'est plus mien,
Alembiqué d'Amour s'en-vole de nature.

Je ressemble au Demon*, qui ne se veut charger
D'un corps, ou s'il a corps, ce n'est qu'un air leger,
Pareil à ces vapeurs subtiles et menues,
Que le Soleil desseiche aux chauds jours de l'Esté.
Le mien du seul penser promptement emporté,
Distillé par l'Amour, se perd dedans les nues.

Le Peintre, qui premier fit d'Amour le tableau,
Et premier le peignit plumeux comme un oiseau,
Cognut bien sa nature, en luy baillant des ailes,
Non pour estre inconstant, leger ne vicieux,
Mais comme nay du ciel, pour retourner aux cieux,
Et monter au sejour des choses les plus belles.

La matiere de l'homme est pesante, et ne peut
Suivre l'esprit en hault, lors que l'esprit le veut,
Si Amour la purgeant de sa flame estrangere,
N'affine son mortel. Voila, Dame, pourquoy
Je cognois par raison que n'aimez tant que moy :
Si vous aimiez autant, vous seriez plus legere.

Entre les Dieux au ciel mon corps s'iroit assoir,
Si vous suiviez mon vol, quand nous ballons au soir
Flanc à flanc, main à main, imitant l'Androgyne :
Tous deux dansans la Volte*, ainsi que les Jumeaux,
Prendrions place au sejour des Astres les plus beaux,
Et serions dicts d'Amour à jamais le beau Signe.

Ou par faute d'aimer vous demeurez à bas,
La terre maugré moy vous attache les pas.
Vous estes paresseuse, et au ciel je m'en-vole.
Mais à moitié chemin je m'arreste, et ne veux
Passer outre sans vous : sans y voler tous deux
Je ne voudrois me faire un citoyen du Pole.

Las, que feroy-je au ciel assis entre les Dieux,
Sans plus voir les amours qui sortent de voz yeux,
Et les traicts si poignans de vostre beau visage,
Voz graces qui pourroient un rocher esmouvoir ?
Sans vivre aupres de vous, Maistresse, et sans vous voir
Le ciel me sembleroit un grand desert sauvage.

Je veux en lieu des cieux en terre demeurer,
Pour vous aimer, servir, priser et honorer
Comme une chose saincte, et des Vertus l'exemple.
Mainte mortelle Dame a jadis merité
Autels et sacrifice, encens et Deité,
Qui n'estoit tant que vous digne d'avoir un Temple.

Bref, je suis resolu de ne changer d'amour.
Le jour sera la nuict, la nuict sera le jour,
Les estoiles sans ciel, et la mer mesurée :
Amour sera sans arc, sans traict et sans brandon,
Et tout sera changé plustost qu'Eurymedon
Oublie les amours qu'il porte à Callirée.

TROIS SONNETS À CASSANDRE

9

   Sur le sablon* la semence j'épan ;
Je sonde en vain les abysmes d'un gouffre ;
Sans qu'on m'invite à toute heure je m'ouffre,
Et sans loyer mon âge je dépan.

En vœu ma vie à son portrait j'apan ;
Devant son feu mon cœur se change en souffre,
Et pour ses yeux ingratement je souffre
Dix mille maux, et d'un ne me repan.

Qui sçauroit bien quelle trampe a ma vie,
D'estre amoureux n'auroit jamais envie.
De chaud, de froid je me sens allumer.

Tout mon plaisir est confit d'amertume ;
Je vi d'ennuy, de deuil je me consume,
En tel estat je suis pour trop aimer.

10

Quel sort malin, quel astre me fit estre
Jeune et si fol, et de malheur si plein ?
Quel destin fit que tousjours je me plain
De la rigueur d'un trop rigoureux maistre ?

Quelle des Sœurs* à l'heure de mon estre
Pour mon malheur noircit mon fil humain ?
Quel des Démons* m'eschauffant en son sein,
En lieu de laict, de soin me fit repaistre ?

Heureux les corps dont la terre a les os !
Bien-heureux ceux que la nuit du Chaos
Presse au giron de sa masse brutale !

Sans sentiment leur repos est heureux.
Que suis-je las ! moy chetif amoureux,
Pour trop sentir, qu'un Sisyphe* ou Tantale* ?

11

De veine en veine, et d'artere en artere,
De nerfs en nerfs le salut me passa,

Que l'autre jour ma Dame me laissa
Dedans le cueur tout triste et solitaire.
    Il fut si doux, que je ne puis m'en taire
Tant en passant d'aiguillons me laissa,
Et tellement de son trait me blessa,
Que de mon cueur il ne fist qu'un ulcere.
    Les yeux, la voix, le gracieux maintien,
A mesme fois s'accorderent si bien,
Que l'ame fut d'un tel plaisir si gloute,
    Qu'affriandee au goust d'un si doux bien,
Entrerompant son terrestre lien,
De me laisser fut mille fois en doute.

12

SONNET À MARIE

    Si tost qu'entre les bois tu as beu la rosée,
Soit de nuict soit de jour logé dans un buisson,
Des ailes tremoussant, tu dis une chanson
D'une note rustique à plaisir composée.
    Au contraire de toy, j'ay la voix disposée
A chanter en ce bois, mais en autre façon.
Car tousjours en pleurant je desgoise mon son ;
Aussi j'ai toujours l'ame en larmes arrosée.
    Je te gaigne à chanter : ta voix est de trois mois.
L'an entier oyt tousjours les plaintes de ma voix,
Navré d'une beauté qui me tient en servage.
    Mais, helas ! Rossignol, ou bien à mes chansons,
Si quelque amour te poingt, accorde tes doux sons,
Ou laisse moy tout seul pleurer en ce bocage.

DEUX SONNETS À CASSANDRE

13

Comme un chevreuil, quand le printemps détruit
Du froid hyver la poignante gelée,
Pour mieux brouter la fueille emmiëlée,
Hors de son bois avec l'Aube s'enfuit,
    Et seul, et seur, loin de chiens et de bruit,
Or'* sur un mont, or' dans une valée,
Or' pres d'une onde à l'escart recelée,
Libre, folastre où son pié le conduit,
    De rets* ne d'arc sa liberté n'a crainte
Sinon alors que sa vie est attainte
D'un trait meurtrier empourpré de son sang.
    Ainsi j'alloy sans espoir de dommage,
Le jour qu'un œil sur l'avril de mon âge
Tira d'un coup mille traits en mon flanc.

14

Ny voir flamber au poinct du jour les roses,
Ny liz plantez sur le bord d'un ruisseau,
Ny son de luth, ny ramage d'oyseau,
Ny dedans l'or les gemmes bien encloses,
    Ny des Zephyrs les gorgettes décloses,
Ny sur la mer le ronfler d'un vaisseau,
Ny bal de Nymphe au gazouillis de l'eau,
Ny voir fleurir au printems toutes choses,

Ny camp armé de lances herissé,
Ny antre verd de mousse tapissé,
Ny des forests les cymes qui se pressent,
     Ny des rochers le silence sacré,
Tant de plaisir ne me donnent qu'un Pré,
Où sans espoir mes esperances paissent.

15

CHANSON À MARIE

Je suis un demi-dieu quand assis vis-à-vis
De toy, mon cher souci, j'escoute les devis,
Devis entre-rompus d'un gracieux sou-rire,
Sou-ris qui me retient le cœur emprisonné ;
En contemplant tes yeux je me pasme estonné,
Et de mes pauvres flancs un seul vent je ne tire.

Ma langue s'engourdist, un petit feu me court
Fretillant sous la peau ; je suis muet et sourd,
Un voile sommeillant dessus mes yeux demeure ;
Mon sang devient glacé, le courage me faut,
Mon esprit s'évapore, et alors peu s'en faut,
Que sans ame à tes pieds estendu je ne meure.

16

SONNET À CASSANDRE

En ce printemps qu'entre mes bras n'arrive
Celle qui tient ma playe en sa verdeur,

Et ma pensée en oisive langueur,
Sur le tapis de ceste herbeuse rive ?

   Et que n'est-elle une Nymphe native
De ce bois verd ? par l'ombreuse froideur,
Nouveau Sylvain, j'alenterois* l'ardeur
Du feu qui m'ard* d'une flamme trop vive.

   Et pourquoy, cieux ! l'arrest de vos destins
Ne m'a faict naistre un de ces Paladins
Qui seuls portoyent en crope* les pucelles ?

   Et qui, tastant, baisant et devisant,
Loin de l'envie et loin du mesdisant,
Par les forests vivoyent avecques elles ?

17

CHANSON À MARIE

Si je t'assauls, Amour, Dieu qui m'es trop cognu,
Pour neant en ton camp je feray des allarmes :
Tu es un vieil routier et bien appris aux armes,
Et moy, jeune guerrier mal appris et tout nu.

Si je fuy devant toy, je ne sçaurois aller
En lieu que je ne sois devancé de ton aile.
Si je veux me cacher, l'amoureuse etincelle
Qui reluist en mon cœur me viendra deceler.

Si je veux m'embarquer, tu es fils de la mer,
Si je m'en-vole au Ciel, ton pouvoir y commande,
Si je tombe aux enfers, ta puissance y est grande :
Ainsi maistre de tout, force m'est de t'aimer.

Or je t'aimeray donq, bien qu'envis* de mon cœur,
Si c'est quelque amitié que d'aimer par contrainte ;
Toutefois, comme on dit, on voit souvent la crainte
S'accompagner d'amour et l'amour de la peur.

DEUX SONNETS À CASSANDRE

18

Une diverse amoureuse langueur,
Sans se meurir en mon ame verdoye ;
Dedans mes yeux une fontaine ondoye,
Un Mongibel* fait son feu de mon cueur.
    L'un de son chaud, l'autre de sa liqueur,
Ore* me gele et ore me foudroye ;
Et l'un et l'autre à son tour me guerroye,
Sans que l'un soit dessus l'autre veinqueur.
    Fais, Amour, fais qu'un seul gaigne la place,
Ou bien le feu ou bien la froide glace,
Et par l'un d'eux mets fin à ce debat.
    Helas ! Amour, j'ay de mourir envie.
Mais deux venins n'estouffent point la vie,
Tandis que l'un à l'autre se combat.

19

Verray-je point la saison qui m'apporte
Ou tréve ou paix, ou la vie ou la mort,

Pour edenter le souci qui me mord
Le cœur rongé d'une lime si forte ?
    Verray-je point que ma Naiade sorte
D'entre les flots pour m'enseigner le port ?
Viendray-je point ainsi qu'Ulysse à bort,
Ayant au flanc son linge pour escorte ?
    Verray-je point ces clairs astres jumeaux,
En ma faveur, ainsi que deux flambeaux,
Monstrer leur flame à ma carene lasse ?
    Verray-je point tant de vents s'accorder,
Et doucement mon navire aborder,
Comme il souloit au havre de sa grace ?

20

MADRIGAL
POUR ASTRÉE

L'homme est bien sot qui aime sans cognoistre.
J'aime et jamais je ne vy ce que j'aime ;
D'un faux penser je me deçoy moy-mesme,
Je suis esclave et ne cognois mon maistre.

L'imaginer seulement me fait estre
Comme je suis en une peine extresme.
L'œil peut faillir, l'aureille fait de mesme,
Mais nul des sens mon amour n'a fait naistre.

Je n'ay ny veu, ny ouï, ny touché,
Ce qui m'offense à mes yeux est caché,
La playe au cœur à credit m'est venue.

Ou nos esprit se cognoissent aux Cieux
Ains que d'avoir nostre terre vestue,
Qui vont gardant la mesme affection
Dedans les corps qu'au Ciel ils avoyent euë ;

Ou je suis fol ; encores vaut-il mieux
Aimer en l'air une chose incognuë
Que n'aimer rien, imitant Ixion*,
Qui pour Junon embrassoit une nuë.

DEUX SONNETS À CASSANDRE

21

Comme le chaud au feste d'Erymanthe*,
Ou sus Rhodope*, ou sur quelque autre mont,
Sur le printemps la froide neige fond
En eau qui fuit par les rochers coulante,
    Ainsi tes yeux (soleil qui me tourmente)
Qui cire et neige à leur regard me font,
Frappant les miens, ja distillez les ont
En un ruisseau qui de mes pleurs s'augmente.
    Herbes ne fleurs ne sejournent aupres,
Ains des soucis, des ifs et des cypres,
Ny de crystal sa rive ne court pleine.
    Les autres eaux par les prez vont roulant,
Mais ceste-ci par mon sein va coulant,
Qui sans tarir s'enfante de ma peine.

22

Ciel, air et vents, plains* et monts découvers,
Tertres vineux et forests verdoyantes,
Rivages torts et sources ondoyantes,
Taillis rasez et vous bocages vers,
  Antres moussus à demy-front ouvers,
Prez, boutons, fleurs et herbes rousoyantes,
Vallons bossus et plages blondoyantes,
Et vous rochers, les hostes de mes vers,
  Puis qu'au partir, rongé de soin et d'ire,
A ce bel œil Adieu je n'ay sceu dire,
Qui pres et loin me detient en esmoy,
  Je vous supply, Ciel, air, vents, monts et plaines,
Taillis, forests, rivages et fontaines,
Antres, prez, fleurs, dites-le luy pour moy.

23

SONNET À ASTRÉE

Douce Françoise, ainçois* douce framboise,
Fruict savoureux, mais à moy trop amer,
Tousjours ton nom, helas ! pour trop aimer,
Vit en mon cœur quelque part que je voise.
  Ma douce paix, mes tréves et ma noise,
Belle qui peux mes Muses animer,
Ton nom si franc devroit t'accoustumer
Mettre les cœurs en franchise Françoise.
  Mais tu ne veux redonner liberté
Au mien captif que tu tiens arresté,
Pris en ta chaisne estroitement serrée.

Laisse la force : Amour le retiendra ;
Ou bien, Maistresse, autrement il faudra
Que pour Françoise on t'appelle ferrée*.

TROIS SONNETS À CASSANDRE

24

Veu la douleur qui doucement me lime,
Et qui me suit, compagne, pas-à-pas,
Je prevoy bien qu'encor je ne suis pas
Pour trop aimer à la fin de ma rime.
    Dame, l'ardeur qui de chanter m'anime,
Et qui me rend en ce labeur moins las,
C'est que je voy qu'agreable tu l'as,
Et que je tiens de tes pensers la cime.
    Je suis, Amour, heureux et plus qu'heureux
De vivre aimé, et de vivre amoureux
De la beauté d'une Dame si belle,
    Qui lit mes vers, qui en fait jugement,
Et dont les yeux me baillent argument
De souspirer heureusement pour elle.

25

Si blond, si beau, comme est une toison
Qui mon dueil tue et mon plaisir renforce,

Ne fut oncq l'or, que les toreaux par force
Aux champs de Mars donnerent à Jason.
   De ceux qui Tyr ont choisi pour maison,
Si fine soye au mestier ne fut torce,
Ny mousse au bois ne revestit escorce
Si tendre qu'elle en la prime saison.
   Poil digne d'estre aux testes des Deesses,
Puis que pour moy tes compagnons tu laisses,
Je sens ramper l'esperance en mon cueur.
   Courage, Amour, desja la ville est prise,
Lors qu'en deux parts, mutine, se divise,
Et qu'une part se vient rendre au veinqueur.

26

Je voudroy bien richement jaunissant
En pluye d'or goute à goute descendre
Dans le giron de ma belle Cassandre,
Lors qu'en ses yeux le somne va glissant.
   Puis je voudroy en toreau blanchissant
Me transformer pour sur mon dos la prendre,
Quand en avril par l'herbe la plus tendre
Elle va, fleur, mille fleurs ravissant.
   Je voudroy bien pour alleger ma peine,
Estre un Narcisse et elle une fontaine,
Pour m'y plonger une nuict à sejour ;
   Et si voudroy que ceste nuict encore
Fust eternelle, et que jamais l'Aurore
Pour m'esveiller ne rallumast le jour.

ODELETTE
À SA JEUNE MAÎTRESSE

Pourquoy comme une jeune poutre
De travers guignes-tu vers moy ?
Pourquoy farouche fuis-tu outre
Quand je veux approcher de toy ?

Tu ne veux souffrir qu'on te touche ;
Mais si je t'avoy sous ma main,
Asseure toy que dans la bouche
Bien tost je t'aurois mis le frain.

Puis te voltant* à toute bride
Je dresserois tes pieds au cours,
Et te piquant serois ton guide
Dans la carriere des amours.

Mais par l'herbe tu ne fais ores
Que suivre des prez la fraicheur,
Pource que tu n'as point encores
Trouvé quelque bon chevaucheur

28

SONNET|AUTOCENSURÉ

D'un foyble vol, je vole apres l'espoyr,
Qui mieux vollant volle oultre la carriere,
Puis, quand il voyt que je volle derriere,
De mon voller renforce le pouvoyr.

Voyant le sien qui vole pour m'avoyr,
Me revoltant je franchi la barriere,
Et d'un bas vol je m'escarte en arriere,
Pour ne le prendre, et pour pris ne me voyr.

Je suis semblable au malade qui songe,
Lequel en vain ses doigtz mocquez allonge
Pour tastonner l'idole qui n'est pas :

L'un fuit, l'un suit d'une vaine poursuite ;
Ainsi, suyvant l'espoyr qui est en fuite,
Et qui ne suit, je perdz en vain mes pas.

TROIS SONNETS À CASSANDRE

29

Ces flots jumeaux de laict bien espoissi
Vont et revont par leur blanche valée,
Comme à son bord la marine salée,
Qui lente va, lente revient aussi.

Une distance entre eux se fait, ainsi
Qu'entre deux monts une sente egalée,
Blanche par tout de neige devalée,
Quand en hyver le vent s'est adouci.

Là deux rubis haut eslevez rougissent,
Dont les rayons cet ivoyre finissent
De toutes parts uniment arrondis.

Là tout honneur, là toute grace abonde,
Et la beauté, si quelqu'une est au monde,
Vole au sejour de ce beau paradis.

O de Nepenthe*, et de lyesse pleine,
Chambrette heureuse, où deux heureux flambeaux,
Les plus ardentz du ciel, et les plus beaulx,
Me font escorte apres si longue peine.

Or* je pardonne à la mer inhumaine,
Aux flotz, aux ventz, la traison de mes maulx,
Puis que par tant et par tant de travaulx,
Une main doulce à si doulx port me meine.

Adieu tourmente, à dieu naufrage, à dieu,
Vous flotz cruelz, ayeux du petit Dieu,
Qui dans mon sang a sa flesche souillée :

Ores encré dedans le sein du port,
Par vœu promis j'appen dessus le bord
Aux dieux marins ma despouille mouillée.

31

Œil dont l'esclair mes tempestes essuye,
Sourcil, mais ciel de mon cœur gouverneur,
Front estoilé, trofee à mon Seigneur,
Où son carquois et son arc il estuye ;

Gorge de marbre où la beauté s'appuye,
Menton d'albastre, enrichy de bonheur,
Tetin d'ivoire où se loge l'honneur,
Sein dont l'espoir mes travaux desennuye ;

Vous avez tant apasté mon désir,
Que pour souler ma faim et mon plaisir,
Cent fois le jour il faut que je vous voye,

Comme un oiseau, qui ne peut sejourner,
Sans sur les bords poissonneux retourner,
Et revoler pour y trouver sa proye.

ODE DU BAISER
DE CASSANDRE

Baiser, fils de deux lévres closes,
Filles de deux boutons de roses,
Qui serrent et ouvrent le ris
Qui déride les plus marris ;

Baiser ambrosin que j'honore
Comme mon tout, et dont encore
Je sens en ma bouche souvent
Plus d'un jour apres le doux vent ;

Et vous, bouche de sucre pleine,
Qui m'engendrez de vostre haleine
Une odeur qui au cœur descend,
Et mille parfums y respend ;

Et vous, mes petites montagnes,
Je parle à vous, lévres compagnes,
Dont le coral naïf et franc
Cache deux rangs d'yvoire blanc ;

Je vous suppli' n'ayez envie
D'estre homicides de ma vie :
Pour du tout tuer mon esmoy
Mille fois le jour baisez moy.

HYMNE À LA NUIT

Nuit, des Amours ministre, et ministre fidelle
Des arrests de Venus, et des saintes lois d'elle,
     Qui secrette accompagnes
L'impatient amy de l'heure acoustumée,
O mignonne des Dieux, mais plus encore aimée
     Des estoilles compagnes,

Nature de tes dons honore l'excellence,
Tu caches les plaisirs dessous muet silence
     Que l'amour jouïssante
Donne, quand ton obscur estroitement assemble
Les amans embrassez, et qu'ils tombent ensemble
     Sous l'ardeur languissante ;

Lors que la main tatonne ores* la cuisse, et ore
Le tetin pommelu qui ne s'egale encore
     A nul rubi qu'on voye,
Et la langue en errant sur la jouë, et la face,
Plus d'odeurs et de fleurs d'un seul baiser amasse
     Que l'Orient n'envoye,

C'est toy qui les soucis, et les gennes mordantes,
Et tout le soin enclos en noz ames dolantes
     Par ton present arraches.
C'est toy qui rens la vie aux vergers qui languissent,
Aux jardins la rousée, et aux cieux qui noircissent
     Les idoles attaches.

Mets, si te plaist, Déesse, une fin à ma peine,
Et donte sous mes bras celle qui m'est trop pleine
     De menaces cruelles,

Afin que de ses yeux, yeux qui captif me tiennent,
Les trop ardens flambeaux plus bruler ne me viennent
Le fond de mes mouëlles.

III. Le printemps de l'aventure
et des chimères

34

AVERTISSEMENT
À JASON L'ARGONAUTE

(...) « Valeureux fils d'Æson*, des Dieux le favoris,
A bonne fin viendra ton voyage entrepris.
Car Junon, qui vous sert de Déesse propice,
Ne souffrira jamais que sa barque perisse,
Laquelle doit un jour de ses feux radieux
Par les Astres nager et vaguer par les cieux.
Au démarer d'icy, selon vos destinées,
Il vous faudra passer les roches Cyanées*,
Roches pleines d'effroy, qui se choquent de front,
Et courent sans avoir des racines au fond,
Comme deux grands belliers, qui, surpris de furie,
Se hurtent teste à teste au bout d'une prairie ;
La mer en bouillonnant, qui ses montaignes suit,
En tortis escumeuse, abaye d'un grand bruit ;
Aucunesfois ouverte en deux elle se créve,
Et s'abysme aux enfers, aucunefois s'esleve
Dedans le Ciel pendue, et d'un horrible tour
Se roulle en groumelant aux rives d'alentour,
Et, vague dessus vague, en escumant, s'assemble.

Ces rochers, tout ainsi que s'ils jouoient ensemble,
S'eslongnent quelque peu, puis courent pour s'outrer
L'un l'autre à la rencontre, et, à leur rencontrer,
Un feu sort de leur front, ainsi que le tonnerre,
Qui choquant rudement la nue qui l'enserre,
Au milieu de la nuict, des pluyes et du vent,
Fait un jour de son feu, qui se va ressuyant,
Brillant à longue poincte, et la flame eslancée
Des pauvres cœurs humains estonne la pensée.
Ainsi se vont hurtant ces rochers vagabons,
Mais plus se hurteront, et tant plus soyez pronts
De pousser d'un accord la rame à la poitrine,
Et, à grands tours de bras, forcez moy la marine,
Bandez-vous au labeur, car si tost que serez
Entre les deux rochers desja presque enserrez,
Junon avec Pallas, vos deux cheres compaignes,
Arresteront le choq de ces dures montaignes,
L'une çà, l'autre là, les ouvrant de leurs mains,
Un heron vous guidant sauves, gaillards et sains (...) »

(*Hymne de Calaïs et de Zétès*,
dédié à la princesse Marguerite.)

35

L'AVENTURE D'HYLAS

(...) Tandis Hylas, jeune, gaillard et brusque,
Aux blanches mains, à la longue perruque,
Au beau visage, à l'œil noir et serain,
Prist une cruche aux deux anses d'airain,
Et seul entra dans la forest prochaine
Pour chercher l'eau d'une belle fontaine.

Comme il alloit, les freres qui avoyent
Ailes au dos, amoureux, le suivoyent,
Volant sur luy, pour baiser sa chair blanche ;
Il destournoit l'embusche d'une branche,
Marchant tousjours pour soudain retourner (...)
    Or cest enfant, comme son pied le meine,
Dans la forest ombreuse se pourmeine,
Errant par tout, ains qu'aviser le bord
De la fontaine où l'attendoit la mort (...)
    Un chesne large ombrageoit l'onde noire ;
Faunes, Sylvains n'y venoyent jamais boire,
Ains* de bien loin s'enfuyoient esbahis ;
Maison sacrée aux Nymphes du païs,
Et au Printemps, qui de sa douce haleine
Embasmoit l'air, les forests et la plaine,
Que les pasteurs en frayeur honoroyent,
Et de bouquets les rives decoroyent.
    Un ombre lent par petite secousse
Erroit dessus, ainsi que le vent pousse,
Pousse et repousse, et pousse sur les eaux
L'entrelassure ombreuse des rameaux.
Là meinte source en boüillons sablonneuse,
Faisant jallir meinte conque perleuse,
Peindoit les bords de passemens divers,
De gravois gris, rouges, jaunes et pers.
    Là carolloyent à tresses descoifées
De main à main les Nymphes et les Fées,
Foulant des pieds les herbes d'alentour,
Puis dessous l'eau se cachoyent tout le jour.
La belle Herbine, au haut de l'onde assise,
Voyant l'enfant, soudain en fut esprise (...)
    Tandis Hylas de la gauche s'appuye
Dessus le bord, de l'autre tient la buye*,
Qu'à front panché laisse tomber en l'eau ;
L'eau qui s'engouffre au ventre du vaisseau,
Fist un grand bruit ; en-ce-pendant Printine,

Ardante au cœur d'une telle rapine,
Sa gauche main finement approcha,
Et du garçon le col elle accrocha ;
   Coup dessus coup le baise et le rebaise
En l'attirant, à fin que plus à l'aise
Sa pesanteur l'emportast contre-bas ;
Puis de la dextre elle happa le bras
Dont il tenoit le vaisseau, et s'efforce
De le tirer sous l'onde à toute force.
   Hylas crioit et resistoit en vain ;
Dedans le gouffre il tomba tout soudain
Pied contre-mont, comme on voit par le vuide
Tomber du ciel une flame liquide
Toute d'un coup dans la mer, pour signal
Que la navire est sauve de tout mal :
   Lors le Patron qui recognoist l'estoile,
Aux matelots siffle qu'on face voile,
Le vent est bon ; en la mesme façon
Tomba d'un coup sous l'onde le garçon (...)

                                   (*L'Hylas*,
                           dédié à Jean Passerat.)

36

*ADIEU AU CAMARADE EN
PARTANCE POUR L'ITALIE*

ODE À CLAUDE DE LIGNERI

   Qui par gloire ou par mauvaistié,
   Ou par nonchalante paresse,
   Aura tranché de l'amitié

Le saint nœud qui deux ames presse,
A celuy d'une loy expresse
Je defens qu'en nulle saison
Ne s'heberge dans ma maison,
Et qu'avec moy sus le rivage
Compagnon d'un mesme voyage,
Pollu*, ne coupe le lien
Qui tient l'hosteliere navire.
Car Jupiter le Philien*
Quelquefois avecque le pire
Punit le juste, et peu souvant
On voit la vengeresse peine
Souffrir comme boiteuse et vaine,
Le mechant s'enfuir devant.

Que sert à l'homme de piller
Tous les printemps de l'Arabie,
Et de ses moissons despouiller
Soit la Sicile ou la Libye,
Ou desrober l'Inde annoblie
Des tresors de son bord gemmé,
S'il n'aime et s'il n'est point aimé ?
Si tout le monde le dédaigne,
Si nul second ne l'accompaigne
Soliciteux de son ami,
Comme un Patrocle compaignable
Suivoit Achille, fust* parmi
La nue la plus effroyable
Des Lyciens, lors qu'odieux
Contre Priam souffloit son ire,
Fust, quand paisible, sus la lyre
Chantoit les hommes et les Dieux ?

Le temps qui a commandement
Vainqueur des masses sourcilleuses,
Qui devallent leur fondement

Jusques aux ondes sommeilleuses,
Ne les menaces orgueilleuses
Des fiers Tyrans, ne sçauroit pas
Escrouler ne ruer en bas
La ferme amour que je te porte,
Tant elle est en sa chaisne forte.
Et si avec toy librement
Je ne puis franchir les montagnes,
Qu'Hannibal cassa durement
Haineux des Latines campagnes :
Pour-tant ne mesprise ma foy,
Car l'aspre soin qui m'enchevestre,
Seul m'alente*, et m'engarde d'estre
Prompt à voler avecque toy.

Mais s'il te plaist de retenir
Ta fuite disposte et legere,
Jusqu'au temps qu'on voit revenir
L'aronde des fleurs messagere,
De prompte jambe voyagere
Je te suivray, fust pour trouver
L'onde où Phebus vient abreuver
Ses chevaux suans de la course,
Ou du Nil l'incertaine source.
Mais si le desir courageux
Te pique tant qu'il t'importune
De forcer l'hyver outrageux
Et la saison mal-opportune,
Marche, fuy, va legerement ;
L'oiseau Menalien, Mercure,
Le Dieu qui des passans a cure,
Te puisse guider dextrement.

Ces glacez pelottons volans
Que l'orage par les monts boule,
Ne te soyent durs ny violans,

Et l'eau qui par ravines coule
Du jus de la neige qui roule,
Demeure coye sans broncher
Quand tu voudras en approcher ;
La froide gorge Thracienne
Et la pluyeuse Libyenne
Serrent leurs vents audacieux ;
Que rien sur les monts ne resonne
Fors un Zephyre gracieux,
Imitant ton luth quand il sonne ;
Phebus aussi qui a cognu
Combien son Poëte te prise,
Clair par les champs te favorise,
Et sa sœur au beau front cornu.

Quand tu te seras approché
Des belles plaines d'Italie,
Vy, Lignery, pur du peché,
Qui l'amitié premiere oublie :
N'endure que l'âge deslie
Le nœud que les Graces ont joint.
O temps où l'on ne souloit point
Courir à l'onde Hyperborée !
Telle saison fut bien dorée,
En laquelle on se contentoit
De voir de son toict la fumée,
Lors que la terre on ne hantoit
D'un autre Soleil allumée,
Et les mortels heureux alors
Remplis d'innocence naïve,
Ne cognoissoyent rien que la rive
Et les flancs de leurs prochains bors.

Tu me diras à ton retour
Combien de lacs et de rivieres
Et de rempars ferment le tour

De villes en murailles fieres ;
Quelles citez vont les premieres
En renom, et je te diray
Les vers Troyens que j'escriray
En ma Franciade avancée,
Si le Roy meurit ma pensée.
Tandis sus le Loir je suivré
Un petit toreau que je voue
A ton retour qui ja sévré
Sans mere par les fleurs se joüe,
Blanchissant d'une note au front ;
Sa marque imite de la Lune
Les feux courbez, quand l'une et l'une
De ses deux cornes se refont.

37

ORPHÉE AUX ENFERS

(...) J'entray dans le bocage effroyable de crainte ;
Je vy les Manes vains qui ne volent qu'en feinte,
Et le cruel Pluton des hommes redouté,
Et sa femme impiteuse assise à son costé,
Dure, fiere, rebelle, impudente, inhumaine,
Dont le cœur n'est flechi par la priere humaine.
Vers Pluton je m'adresse, et rempli de souci,
Ayant la lyre au poing, je le supplie ainsi :
« O Prince qui par sort es roy de ce bas monde,
Où descend tout cela que Nature feconde
A conceu de mortel ! ô Prince, l'heritier
De tout le bien qui croist dedans le monde entier,
Je ne viens pas ici pour enchaisner Cerbere,
Ni pour voir les cheveus de l'horrible Megere :
Ma femme qu'un serpent a morse* dans le pié,
Me fait venir vers toy pour y trouver pitié.

J'ay long temps differé un si fascheux voyage,
Mais Amour a veincu mes pieds et mon courage ;
C'est un Dieu qui là haut est bien cognu de tous,
Et je croy qu'ici bas il l'est aussi de vous,
Et comme nous au cœur avez receu sa playe,
Si la fable qu'on dit de Proserpine est vraye.

    Pource je te suppli, par ces lieux pleins d'effroy,
Par ce profond Chaos, par ce silence coy,
Par ces images vains, redonne-moy ma femme,
Et refile à sa vie une nouvelle trame.
Toute chose t'est deuë, et le cruel trespas
Aussi bien à la fin nous ameine çà-bas.
Nous tendons tous ici ; à ta grand'court planiere,
Qui reçoit un chacun, est la nostre derniere,
Et ne se faut challoir mourir en quelque endroit,
Car pour venir à toy le chemin est tout droit.

    Donques, ô puissant Roy, si onques Proserpine
Par une douce amour t'eschaufa la poitrine,
Redonne moy ma femme ; apres qu'elle aura fait
Le cours determiné de son âge parfait,
A toy s'en reviendra ; ma requeste n'est grande :
Sans plus un usufruit pour present je demande.

    Ou bien, si les rochers t'environnent le cœur,
Et si, fier, tu ne veux alleger ma langueur,
Si tu es, comme on dit, un Prince inexorable,
Je veux mourir ici sur ce bord miserable.
Je ne veux retourner sans ma femme, et tu peux
Ici te resjouir de la mort de tous deux. »

    Faisant telle oraison, les ames sont venues
Ainsi que gresillons, greslettes et menues,
Pepier à l'entour de mon luth qui sonnoit
Et de son chant piteux les Manes estonnoit.
La Parque que jamais pleurer on n'avoit veue,
Escoutant ma chanson, à pleurer fut esmeue ;
Tantale* n'eut souci de sa punition,
Sisyphe* de son roc, de sa roüe Ixion*,

En repos fut la cruche et la main des Belides*,
Et dit-on que long temps des fieres Eumenides
La face en larmoyant de pitié se pallit,
Tant ma douce chanson le cœur leur amollit !
    Pluton, qui eut pitié d'un mary si fidelle,
Me redonna ma femme à condition telle
De ne retourner point en arriere mes yeux,
Tant que j'eusse reveu la clairté de nos Cieux.
    Un sentier est là-bas, tout obscur et tout sombre,
Entremeslé de peur et de frayeur et d'ombre.
Par ce chemin je sors, et ja presque j'avois
Passé le port d'Enfer, les rives et le bois,
Quand, las ! veincu d'amour, je regarde en arriere,
Et mal-caut* je jettay sur elle ma lumiere,
Faute assez pardonnable en amour, si Pluton
Sçavoit helas ! que c'est que de faire pardon.
    Là mon labeur fut vain, s'escoulant en risée,
Là du cruel Tyran la pache* fut brisée ;
Je voulois l'embrasser, quand sa piteuse vois,
Comme venant de loin, j'entendi par trois fois :
    « Quel malheureux destin nous perd tous deux

                                    [ensemble ?
Quelle fureur d'amour nostre amour des-assemble ?
Pour m'estre trop piteux tu m'as esté cruel,
Adieu, mon cher espoux, d'un adieu eternel !
Le Destin me r'appelle en ma place ancienne,
Et mes yeux vont noüant* dedans l'eau Stygienne*.
Or adieu, mon ami ! je re-meurs derechef,
Une nuict ombrageuse environne mon chef. »
    Par trois fois retourné, je la voulu reprendre,
Et l'ombre par trois fois ne me voulut attendre,
Se desrobant de moy, et s'en-vola devant,
Comme un leger festu s'en-vole par le vent (...)

                        (L'Orphée, en forme d'élégie,
                        dédié à de Thou.)

74

38

LA FUITE EN UTOPIE

LES ÎLES FORTUNÉES

À MARC-ANTOINE DE MURET

Puis qu'Enyon* d'une effroyable trope
Pieds contre-mont bouleverse l'Europe,
La pauvre Europe, et que l'horrible Mars
Le sang Chrestien espand de toutes pars,
Or'* mutinant contre soy l'Allemagne,
Or' opposant à la France l'Espagne,
Joyeux de meurtre, or' le pays François
A l'Italie, et l'Escosse à l'Anglois ;
Peuple chetif, qui ses forces hazarde
Contre soy-mesme, et qui sot ne prend garde
Que ce grand Turc bien tost ne faudra pas
De renverser leurs puissances à bas,
Les separant comme une ourse cruelle
De cent chameaux separe la querelle ;
 Et qui pis est, puis que les bons esprits,
Palles de faim, sans faveur et sans pris,
Aux Courts des Rois sans Mecenes frissonnent,
Bien que le fruit des Muses ils moissonnent,
Disgraciez comme gens vicieux ;
 Puis que l'on voit tant de foudres aux cieux
En temps serain, puis que tant de Cometes,
Tant de chévrons*, tant d'horribles planetes
Nous menacer ; puis qu'au milieu de l'ær
On voit si dru tant de flames voler,
Puis trebucher de glissades roulantes ;
Puis que l'on oit tant d'Hecates hurlantes
Toutes les nuicts remplir de longs abois

Les carrefours, les chemins et les bois,
Et de longs cris se plaindre és cimetaires,
Effarouchant les esprits solitaires ;
    Parton, Muret, allon chercher ailleurs
Un ciel meilleur, et autres champs meilleurs ;
Laisson, Muret, aux tigres effroyables
Et aux lions ces terres miserables ;
Fuyon, fuyon quelque part où nos piez
Ou nos bateaux dextrement desliez
Nous conduiront ; mais avant que de mettre
La voile au vent, il te faudra promettre
De ne vouloir en France revenir
Jusques à tant qu'on voye devenir
Le More Blanc, et le François encore
Se bazanant prendre le teint d'un More ;
Et tant qu'on voye en un mesme troupeau
Errer amis le lion et l'agneau.
    Donq si ton cœur tressaute d'une envie
De bien-heurer le reste de ta vie,
Croy mon conseil, et laisse seul ici
En son malheur le vulgaire endurci ;
Ou si tu as quelque raison meilleure,
Sans plus tarder, à ceste heure, à ceste heure
Dy-la, Muret ; sinon marche devant,
Et mets premier les antenes au vent.
    Que songes-tu ? mon Dieu, que de paresse
T'amuse icy ! regarde quelle presse
Dessus le bord joyeuse nous attend
Pour la conduire, et ses bras nous estend,
Et devers nous toute courbe s'encline,
Et de la teste en criant nous fait sine
De la passer dedans nostre bateau !
    Je voy Thiar, Des Autels, et Belleau,
Butet, Du Parc, Bellay, Dorat, et celle
Troupe de gens qui court apres Jodelle ;
Icy Baïf une troupe conduit,

Et là j'avise un grand peuple qui suit
Nostre Maigny, et parmi la campagne
Un escadron qui Maumont accompagne.
Voici Turin, La Peruse et Tagault,
Et Tahureau, qui jà tirent en haut
L'ancre courbée, et, plantez sur la poupe,
D'un cry naval encouragent la troupe
D'abandonner le terroir paternel
Pour vivre ailleurs en repos eternel.
    Çà ! que j'embrasse une si chere bande ;
Or-sus ! amis, puis que le vent commande
De démarer, sus ! d'un bras vigoureux
Pousson la nef à ce bord bien-heureux,
Au port heureux des Isles bien-heurées,
Que l'Ocean de ses eaux azurées,
Loin de l'Europe, et loin de ses combas,
Pour nostre bande emmure de ses bras.
    Là, sans navrer comme icy nostre ayeule
Du soc aigu, prodigue, toute seule
Fera germer en joyeuses foréts
Parmy les champs les presens de Cerés ;
Là, sans tailler la nourrissiere plante
Du bon Denys*, d'une grimpeure lente
S'entortillant, meurira ses raisins
De son bon gré sur les ormes voisins.
Là, sans mentir, les arbres se jaunissent
D'autant de fruits que leurs boutons fleurissent ;
Et sans faillir, en tous temps diaprez
De mille fleurs, s'y peinturent les prez
Francs de la bize, et des roches hautaines
Tousjours de laict gazouillent les fontaines.
    Là, comme icy l'avarice n'a pas
Borné les champs, ny d'un effort de bras
Avec grand bruit les pins on ne renverse
Pour aller voir d'une longue traverse
Quelque autre monde ; ains jamais descouverts

On ne les voit de leurs ombrages verts
Par trop de chaut, ou par trop de froidure.
　Jamais le loup pour quester sa pasture,
Hurlant au soir, ne vient effaroucher
Le seur bestail à l'heure de coucher ;
Ains, sans pasteur et sans qu'on luy commande,
Beslant aigu, de son bon gré demande
Que l'on l'ameille*, et de luy-mesme tend
Son pis enflé qui de cresme s'estend.
　Là, des dragons les races escaillées
Gardans les bords des rives esmaillées
Ne font horreur à celuy qui seulet
Va par les prez ourdir un chapelet ;
Ny là du Ciel les menaces cruelles,
La rouge pluye, et les sanglantes gresles,
Le tremblement, ny les foudres grondans,
Ny la Comete aux longs cheveux pendans,
Ny les esclairs des ensoufrez tonnerres
Au peuple oisif ne predisent les guerres,
Libre de peur de tomber sous la main
D'un Senat rude, ou d'un Prince inhumain.
　Le vent poussé dans les trompettes tortes
Ne bruit point là, ny les fieres cohortes
D'hommes armez horriblement ne font
Leurs morions* craquer dessus le front.
　Là les enfans n'enterrent point leurs peres,
Et là les sœurs ne lamentent leurs freres ;
Et l'espousé ne s'adolore pas
De voir mourir sa femme entre ses bras ;
Car leurs beaux ans entre-cassez n'arrivent
A la vieillesse, ains d'âge en âge vivent,
Par la bonté de la terre et des Cieux,
Jeunes et sains, comme vivent les Dieux.
　Là la justice avec l'or depravée,
Ny la loy triste en airain engravée,
Ny les Senats, ny les peuples meschans,

N'ont point troublé le repos de ces champs (...)
Là, venerable en une robe blanche,
Et couronné la teste d'une branche
Ou de laurier, ou d'olivier retors,
Guidant nos pas maintenant sur les bors
Du flot salé, maintenant aux valées,
Et maintenant pres des eaux reculées,
Ou sous le frais d'un vieux chesne branchu,
Ou sous l'abry de quelque antre fourchu,
Divin Muret, tu nous liras Catulle,
Liras Ovide, et Properce, et Tibulle (...)
Ou, fueilletant un Homere plus brave,
Tu nous liras d'une majesté grave
Comme Venus couvrit d'une espesseur
Jà demy-mort le Troyen ravisseur,
Quand Menelas, le plus petit Atride,
En lieu du chef eut la salade* vuide (...)
   A ces chansons les chesnes oreillez
Abaisseront leurs chefs esmerveillez,
Et Philomele*, en quelque arbre esgarée,
N'aura souci du peché de Terée*,
Et par les prez les estonnez ruisseaux
Pour t'imiter accoiseront leurs eaux.
Pan le cornu, doux effroy des Dryades*,
Et les Sylvains amoureux des Naïades
Sçauront par cœur les accents de ta vois
Pour les apprendre aux rochers et aux bois,
Voire si bien qu'on n'oirra qu'un Zephire
Parmy les fleurs tes louanges redire.
   Là, tous huilez les uns sur les sablons*
Iront luitant, les autres aux balons
Dessus les prez d'une partie egale
Courront ensemble, et jou'ront à la bale ;
L'un doucement à l'autre escrimera,
Outre la marque un autre sautera,
Ou d'une main brusquement balancée

Ru'ra la pierre, ou la barre eslancée.
L'un de son dard plus que le vent soudain
Décruchera le chévreul ou le dain ;
Les uns, plus gais, dessus les herbes molles
Virevoltant à l'entour des caroles,
Suivront ta note, et dansant au milieu
Tu paroistras des espaules un Dieu
Les surpassant ; mais les autres, plus sages,
Dans quelque plaine, ou dessus les rivages
Le long d'un port des villes fonderont,
Et de leur nom ces villes nommeront.

Telles, Muret, telles terres divines,
Loin des combats, loin des guerres mutines,
Loin des soucis, de soins et de remors,
Toy, toy, Muret, appellent à leurs bors,
Aux bords heureux des isles plantureuses,
Aux bords divins des isles bien-heureuses,
Que Jupiter reserva pour les siens,
Lors qu'il changea des siecles anciens
L'or en argent, et l'argent en la rouille
D'un fer meurtrier qui de son meurtre souille
La pauvre Europe ! Europe que les Dieux
Ne daignent plus regarder de leurs yeux,
Et que je fuy de bon cœur sous ta guide,
Laschant premier aux navires la bride,
Et de bon cœur à qui je dis adieu
Pour vivre heureux en l'heur d'un si beau lieu.

IV. Le printemps du savoir

39

L'ENFANCE D'UNE VOCATION

DISCOURS À PIERRE LESCOT

Puis que Dieu ne m'a fait pour supporter les armes,
Et mourir tout sanglant au milieu des alarmes
En imitant les faits de mes premiers ayeux,
Si ne veux-je pourtant demeurer ocieux* ;
Ains*, comme je pourray, je veux laisser memoire
Que j'allay sur Parnasse acquerir de la gloire,
Afin que mon renom, des siecles non veincu,
Rechante à mes neveux qu'autrefois j'ay vescu
Caressé d'Apollon et des Muses aimées,
Que j'ay plus que ma vie en mon âge estimées.
Pour elles à trente ans j'avois le chef grison,
Maigre, palle, desfait, enclos en la prison
D'une melancolique et rheumatique estude,
Renfrongné, mal-courtois, sombre, pensif, et rude,
A fin qu'en me tuant je peusse recevoir
Quelque peu de renom pour un peu de sçavoir.
Je fus souventes fois retansé de mon pere
Voyant que j'aimois trop les deux filles d'Homere,
Et les enfans de ceux qui doctement ont sceu

Enfanter en papier ce qu'ils avoient conceu ;
Et me disoit ainsi : « Pauvre sot, tu t'amuses
A courtizer en vain Apollon et les Muses ;
Que te sçauroit donner ce beau chantre Apollon,
Qu'une lyre, un archet, une corde, un fredon,
Qui se respand au vent ainsi qu'une fumée,
Ou comme poudre en l'air vainement consumée ?
Que te sçauroient donner les Muses, qui n'ont rien,
Sinon au-tour du chef je ne sçay quel lien
De myrte, de lierre, ou d'une amorce vaine
T'allecher tout un jour au bord d'une fontaine,
Ou dedans un vieil antre, à fin d'y reposer
Ton cerveau mal-rassis, et béant composer
Des vers qui te feront, comme pleins de manie,
Appeller un bon fol en toute compagnie ?

Laisse ce froid mestier, qui jamais en avant
N'a poussé l'artizan, tant fust-il bien sçavant,
Mais avec sa fureur qu'il appelle divine,
Meurt tousjours accueilly d'une palle famine ;
Homere, que tu tiens si souvent en tes mains,
Qu'en ton cerveau mal-sain comme un Dieu tu te peins,
N'eut jamais un liard ; sa Troyenne vielle,
Et sa Muse qu'on dit qui eut la voix si belle,
Ne le sceurent nourrir, et falloit que sa fain
D'huis en huis mendiast le miserable pain.

Laisse-moy, pauvre sot, ceste science folle ;
Hante-moy les Palais, caresse-moy Bartolle*,
Et d'une voix, dorée, au milieu d'un parquet,
Aux despens d'un pauvre homme exerce ton caquet,
Et fumeux et sueux, d'une bouche tonnante,
Devant un President mets-moy ta langue en vente :
On peut par ce moyen aux richesses monter,
Et se faire du peuple en tous lieux bonneter.

Ou bien embrasse-moy l'argenteuse science
Dont le sage Hippocras* eut tant d'experience,
Grand honneur de son isle ; encor que son mestier

Soit venu d'Apollon, il s'est fait heritier
Des biens et des honneurs, et à la Poësie
Sa sœur n'a rien laissé qu'une lyre moisie.

   Ne sois donq paresseux d'apprendre ce que peut
La Nature en nos corps, tout cela qu'elle veut,
Tout cela qu'elle fuit : par si gentille adresse
En secourant autruy on gaigne la richesse.

   Ou bien si le desir genereux et hardy,
En t'eschauffant le sang, ne rend acoüardy
Ton cœur à mespriser les perils de la terre,
Pren les armes au poing, et va suivre la guerre,
Et d'une belle playe en l'estomac ouvert
Meurs dessus un rempart de poudre tout couvert :
Par si noble moyen souvent on devient riche,
Car envers les soldats un bon Prince n'est chiche. »

   Ainsi en me tansant mon pere me disoit,
Ou fust* quand le Soleil hors de l'eau conduisoit
Ses coursiers gallopans par la penible trette,
Ou fust quand vers le soir il plongeoit sa charrette,
Fust la nuict, quand la Lune avec ses noirs chevaux
Creuse et pleine reprend l'erre* de ses travaux.

   O qu'il est mal-aisé de forcer la nature !
Tousjours quelque Genie, ou l'influence dure
D'un Astre nous invite à suivre maugré tous
Le destin qu'en naissant il versa desur nous.
Pour menace ou priere, ou courtoise requeste
Que mon pere me fist, il ne sceut de ma teste
Oster la Poësie, et plus il me tansoit,
Plus à faire des vers la fureur me poussoit.

   Je n'avois pas douze ans qu'au profond des vallées,
Dans les hautes forests des hommes recullées,
Dans les antres secrets de frayeur tout-couvers,
Sans avoir soin de rien je composois des vers ;
Echo me respondoit, et les simples Dryades*,
Faunes, Satyres, Pans, Napées, Oreades,
Aigipans qui portoient des cornes sur le front,

Et qui ballant sautoient comme les chévres font,
Et le gentil troupeau des fantastiques* Fées
Autour de moy dansoient à cottes degrafées.

Je fu premierement curieux du Latin ;
Mais, voyant par effect que mon cruel destin
Ne m'avoit dextrement pour le Latin fait naistre,
Je me fey tout François, aimant certes mieux estre
En ma langue ou second, ou le tiers, ou premier,
Que d'estre sans honneur à Rome le dernier.

Donc, suivant ma nature aux Muses inclinée,
Sans contraindre ou forcer ma propre destinée,
J'enrichy nostre France, et pris en gré d'avoir
En servant mon pays, plus d'honneur que d'avoir,

Toy, L'Escot, dont le nom jusques aux Astres vole,
As pareil naturel : car, estant à l'escole,
On ne peut le destin de ton esprit forcer
Que tousjours avec l'encre on ne te vist tracer
Quelque belle peinture, et jà fait geomettre,
Angles, lignes et poincts sur une carte mettre ;
Puis, estant parvenu au terme de vingt ans,
Tes esprits courageux ne furent pas contans
Sans doctement conjoindre avecques la Peinture
L'art de Mathematique et de l'Architecture,
Où tu es tellement avec honneur monté
Que le siecle ancien est par toy surmonté.

Car, bien que tu sois noble et de mœurs et de race,
Bien que dés le berceau l'abondance te face,
Sans en chercher ailleurs, riche en bien temporel,
Si as-tu franchement suivi ton naturel,
Et tes premiers Regens n'ont jamais peu distraire
Ton cœur de ton instinct pour suivre le contraire.
On a beau d'une perche appuyer les grans bras
D'un arbre qui se plie, il tend tousjours en bas :
La nature ne veut en rien estre forcée,
Mais suivre le destin duquel elle est poussée.

Jadis le Roy François, des Lettres amateur,

De ton divin esprit premier admirateur,
T'aima par dessus tous ; ce ne fut en son âge
Peu d'honneur d'estre aimé d'un si grand personnage,
Qui soudain cognoissoit le vice et la vertu,
Quelque desguisement dont l'homme fust vestu.

Henry, qui apres luy tint le sceptre de France,
Ayant de ta valeur parfaite cognoissance,
Honora ton sçavoir, si bien que ce grand Roy
Ne vouloit escouter un autre homme que toy,
Soit disnant et soupant, et te donna la charge
De son Louvre enrichi d'edifice plus large,
Ouvrage somptueux, à fin d'estre montré
Un Roy tres-magnifique en t'ayant rencontré.

Il me souvient un jour que ce Prince, à la table
Parlant de ta vertu comme chose admirable,
Disoit que tu avois de toy-mesmes appris,
Et que sur tous aussi tu emportois le pris,
Comme a fait mon Ronsard, qui à la Poësie
Maugré tous ses parens a mis sa fantaisie.

Et pour cela tu fis engraver sur le haut
Du Louvre une Déesse, à qui jamais ne faut
Le vent à joüe enflée au creux d'une trompete,
Et la monstras au Roy, disant qu'elle estoit faite
Expres pour figurer la force de mes vers,
Qui comme vent portoyent son nom par l'Univers.

Or ce bon Prince est mort, et pour faire cognoistre
Que nous avons servi tous deux un si grand maistre,
Je te donne ces vers pour eternelle foy,
Que la seule vertu m'accompagna de toy.

40

RONSARD ÉTUDIANT

LE FOLÂTRISSIME
VOYAGE D'ARCUEIL

Debout ! j'enten la brigade
    J'oy l'aubade
De nos amis enjoüez,
Qui pour nous esveiller sonnent
    Et entonnent
Leurs chalumeaux enroüez.

J'entr'oy desjà la guiterre,
    J'oy la terre
Qui tressaute sous leurs pas ;
J'enten la libre cadance
    De leur danse,
Qui trepigne sans compas.

Corydon, ouvre la porte,
    Qu'on leur porte
Dés la poincte du matin
Jambons, pastez et saucices,
    Sacrifices
Qu'on doit immoler au vin.

Dieu gard la sçavante trope ;
    Calliope*
Honore vostre renom,
Bellay, Baïf, et encores
    Toy qui dores
La France en l'or de ton nom.

Le long des ondes sacrées,
        Par les prées,
Couronnez de saules vers,
Au son des ondes jazardes
        Trepillardes,
A l'envi ferez des vers.

Moy, petit, dont la pensée
        N'est haussée
Du desir d'un vol si haut,
Qui ne permet que mon ame
        Se r'enflame
De l'ardeur d'un feu si chaut,

En lieu de telles merveilles,
        Deux bouteilles
Je prendray sus mes rongnons,
Et ce hanap à double anse,
        Dont la panse
Sert d'oracle aux compagnons.

Voyez Urvoy qui enserre
        De lierre
Son flacon plein de vin blanc,
Et le portant sur l'espaule,
        D'une gaule,
Luy pendille jusqu'au flanc !

A voir de celuy la mine
        Qui chemine
Seul parlant à basse vois,
Et à voir aussi la moüe
        De sa joüe,
C'est le Conte d'Alsinois.

Je le voy comme il galope
      Par la trope
Un grand asne sans licol ;
Je le voy comme il le flate,
      Et luy grate
Les oreilles et le col.

Ainsi les Pasteurs de Troye
      Par la voye
Guidoyent Siléne monté,
Preschant les loix de sa feste,
      Et la teste,
Qui luy panchoit à costé

Vigneau le suit à la trace,
      Qui r'amasse
Ses flacons tombez à-bas,
Et les fleurs que son oreille,
      Qui sommeille,
Laisse choir à chaque pas (...)

Iô ! Iô ! troupe chere,
      Quelle chere
Ce jour ameine pour nous !
Parton donc or' que l'Aurore
      Est encore
Dans les bras de son espous (...)

Iô ! que je voy de roses
      Jà décloses
Par l'Orient flamboyant ;
A voir des nües diverses
      Les traverses,
Voici le jour ondoyant.

Voici l'Aube safranée,
    Qui jà née
Couvre d'œillets et de fleurs
Le Ciel qui le jour desserre,
    Et la terre
De rosées et de pleurs (...)

Iô ! je voy la vallée
    Avallée
Entre deux tertres bossus,
Et le double arc qui emmure
    Le murmure
De deux ruisselets moussus.

C'est toy, Hercueil, qui encores
    Portes ores
D'Hercule l'antique nom,
Qui consacra la memoire
    De ta gloire
Aux labeurs de son renom.

Je salue tes Dryades*,
    Tes Naïades,
Et leurs beaux antres cognus,
Et de tes Satyres peres
    Les repaires,
Et des Faunes front-cornus.

Chacun ait la main armée
    De ramée,
Chacun d'une gaye vois
Assourdisse les campagnes,
    Les montagnes,
Les eaux, les prez, et les bois.

Jà la cuisine allumée,
       Sa fumée,
Fait tressauter jusqu'aux cieux,
Et jà les tables dressées
       Sont pressées
De repas delicieux.

Cela vraiment nous invite
       D'aller vite
Pour appaiser un petit
La furie vehemente
       Qui tourmente
Nostre aboyant appetit.

Dessus nous pleuve une nue
       D'eau menue
Pleine de liz et de fleurs ;
Qu'un lict de roses on face
       Par la place
Bigarré de cent couleurs (...)

D'autre costé n'oyez-vous
De Dorat la voix sucrée
       Qui recrée
Tout le ciel d'un chant si dous ?

Iô ! Iô ! qu'on s'avance !
       Il commance
Encore à former ses chants,
Celebrant en vois Romaine
       La fontaine
Et tous les Dieux de ces champs.

Preston donc à ses merveilles
       Nos oreilles ;
L'enthousiasme Limosin

Ne luy permet rien de dire
        Sur sa lyre
Qui ne soit divin, divin.

Iô ! Iô ! quel doux stile
        Se distile
Parmy ses nombres divers ;
Nul miel tant ne me recrée
        Que m'agrée
Le doux Nectar de ses vers.

Quand je l'enten, il me semble
        Que l'on m'emble*
Tout l'esprit ravy soudain,
Et que loin du peuple j'erre
        Sous la terre
Avec l'ame du Thebain*,

Avecque l'ame d'Horace :
        Telle grace
Remplist sa bouche de miel,
De miel sa Muse divine,
        Vrayment dine
D'estre Sereine du Ciel.

Hà Vesper ! brunette estoile,
        Dont le voile
Noircist du ciel le coupeau*,
Ne vueilles si tost paroistre
        Menant paistre
Par les ombres ton troupeau.

Arreste, noire courriere,
        Ta lumiere,
Pour ouyr plus longuement
La douceur de sa parolle,
        Qui m'affolle
D'un si gay chatouillement.

Quoy ! des Astres la bergere,
                Trop legere
Tu reviens faire ton tour,
Devant l'heure tu flamboyes,
                Et envoyes
Sous les ondes nostre jour.

Va ! va ! jalouse, chemine,
                Tu n'es dine,
Ny tes estoiles, d'ouyr
Une chanson si parfaitte,
                Qui n'est faitte
Que pour l'homme resjouyr.

Donque, puis que la nuict sombre,
                Pleine d'ombre,
Vient les montagnes saisir,
Retournon troupe gentille
                Dans la ville,
Demy-soulez de plaisir.

Jamais l'homme, avant qu'il meure,
                Ne demeure
Bien-heureux parfaitement ;
Tousjours avec la liesse
                La tristesse
Se mesle secrettement.

41

RONSARD
CHEF D'ÉCOLE LITTÉRAIRE

ODE À MICHEL DE L'HOSPITAL

Strophe 1   Errant par les champs de la Grace
Qui peint mes vers de ses couleurs,
Sus les bords Dirceans* j'amasse
L'eslite des plus belles fleurs,
A fin qu'en pillant, je façonne
D'une laborieuse main
La rondeur de ceste couronne
Trois fois torse d'un ply Thebain*,
Pour orner le haut de la gloire
Du plus heureux mignon des Dieux,
Qui çà bas ramena des Cieux
Les filles qu'enfanta Memoire*.

Antistrophe   Mémoire, Royne d'Eleuthere,
Par neuf baisers qu'elle receut
De Jupiter qui la fist mere,
D'un seul coup neuf filles conceut.
Mais quand la Lune vagabonde
Eut courbé douze fois en rond,
Pour r'enflamer l'obscur du monde,
La double voute de son front,
Memoire, de douleur outrée,
Dessous Olympe se coucha,
Et criant Lucine*, accoucha
De neuf filles d'une ventrée,

En qui respandit le Ciel
Une musique immortelle,
Comblant leur bouche nouvelle
Du jus d'un Attique miel,
Et à qui vrayment aussi
Les vers furent en souci,
Les vers dont flattez nous sommes,
A fin que leur doux chanter
Peust doucement enchanter
Le soin des Dieux et des hommes.

Aussi tost que leur petitesse,
Courant avec les pas du Temps,
Eut d'une rampante vistesse
Touché la borne de sept ans,
Un sang naturel, qui commande
De voir ses parens, vint saisir
Le cœur de ceste jeune bande,
Chatouillé d'un noble desir,
Si qu'elles, mignardant leur mere,
Neuf et neuf bras furent pliant
Autour de son col, la priant
De voir la face de leur pere.

Memoire, impatiente d'aise,
Délaçant leur petite main,
L'une apres l'autre les rebaise,
Et les presse contre son sein.
Hors des poumons à lente peine
Une parole luy montoit,
De souspirs allaigrement pleine
Tant l'affection l'agitoit,
Pour avoir desja cognoissance
Combien ses filles auront d'heur,
Ayant de pres veu la grandeur
Du Dieu qui planta leur naissance.

94

Ep.

Apres avoir relié
D'un tortis de violettes
Et d'un cerne de fleurettes
L'or de leur chef delié,
Apres avoir proprement
Troussé leur accoustrement,
Marcha loin devant sa trope,
Et la hastant jour et nuit,
D'un pied dispos, la conduit
Jusqu'au rivage Æthiope.

Str. 3

Ces vierges encore nouvelles,
Et mal-apprises au labeur,
Voyant le front des eaux cruelles,
S'effroyerent d'une grand'peur,
Et toutes pencherent arriere,
Tant elles s'alloyent esmouvant,
Ainsi qu'au bord d'une riviere
Un jonc se penche sous le vent.
Mais leur mère, non estonnée
De voir leur sein qui haletoit,
Pour les asseurer les flatoit
De ceste parole empennée :

Ant.

« Courage, mes filles, dit-elle,
Et filles de ce Dieu puissant,
Qui seul en sa main immortelle
Soustient le foudre rougissant.
Ne craignez point les vagues creuses
De l'eau qui bruit profondement,
Sur qui vos chansons doucereuses
Auront un jour commandement ;
Mais forcez-moy ces longues rides,
Et ne vous souffrez decevoir,
Que vostre pere n'alliez voir
Dessous ces Royaumes humides. »

Disant ainsi, d'un plein saut
Toute dans les eaux s'allonge,
Comme un Cygne qui se plonge
Quand il voit l'aigle d'enhaut,
Ou ainsi que l'arc des Cieux
Qui d'un grand tour spacieux
Tout d'un coup en la mer glisse,
Quand Junon haste ses pas
Pour aller porter là bas
Un message à sa nourrice.

Str. 4

Elles adonc, voyant la trace
De leur mere, qui ja sondoit
Le creux du plus humide espace,
Qu'à coup de bras elle fendoit,
A chef baissé sont devalées,
Penchant bas la teste et les yeux
Dans le sein des plaines salées.
L'eau qui jallit jusques aux cieux,
Grondant sus elles se regorge,
Et frisant deçà et delà
Mille tortis, les avala
Dedans le goufre de sa gorge.

Ant.

En cent façons, de mains ouvertes
Et de pieds voutez en deux pars,
Sillonnoyent les campagnes vertes
De leurs bras vaguement espars.
Comme le plomb, dont la secousse
Traine le filet jusqu'au fond,
L'extreme desir qui les pousse,
Avalle contre-bas leur front,
Tousjours sondant ce vieil repaire
Jusques aux portes du chasteau
De l'Ocean, qui dessous l'eau
Donnoit un festin à leur pere.

Ep.

De ce Palais eternel,
Brave en colonnes hautaines
Sourdoyent de mille fontaines
Le vif sourgeon* per-ennel.
Là pendoit sous le portail
Lambrissé de verd esmail
Sa charrette vagabonde,
Qui le roule d'un grand tour,
Soit de nuict ou soit de jour,
Deux fois tout au rond du monde.

Str. 5

Là sont par la Nature encloses
Au fond de cent mille vaisseaux*
Les semences de toutes choses,
Eternelles filles des eaux.
Là les Tritons chassant les fleuves,
Sous la terre les escouloyent
Aux canaux de leurs rives neuves,
Puis de rechef les r'appelloyent.
Là ceste troupe est arrivée
Desur le poinct qu'on desservoit,
Et que desja Portonne* avoit
La premiere nape levée.

Ant.

Phebus, du milieu de la table,
Pour resjouyr le front des Dieux,
Marioit sa voix delectable
A son archet melodieux,
Quand l'œil du Pere qui prend garde
Sus un chacun, se costoyant
A l'escart des autres, regarde
Ce petit troupeau flamboyant,
De qui l'honneur, le port, la grace
Qu'empreint sur le front il portoit,
Publioit assez qu'il sortoit
De l'heureux tige de sa race.

Luy qui debout se dressa,
Et de plus pres les œillade
Les serrant d'une accollade
Mille fois les caressa,
Tout esgayé de voir peint
Dedans les traits de leur teint
Le naïf des graces siennes.
Puis pour son hoste esjouïr
Les chansons voulut ouïr
De ces neuf Musiciennes.

Elles, ouvrant leur bouche pleine
D'une douce Arabe* moisson,
Par l'esprit d'une vive haleine
Donnerent l'ame à leur chanson,
Fredonnant sur la chanterelle
De la harpe du Delien*,
La contentieuse querelle
De Minerve et du Cronien* ;
Comme elle du sein de la terre
Poussa son arbre palissant,
Et luy, son cheval hanissant,
Futur augure de la guerre.

Puis d'une voix plus violante
Chanterent l'enclume de fer,
Qui par neuf et neuf jours roulante
Mesura le Ciel et l'Enfer,
Qu'un rampart d'airain environne
En rond s'allongeant à l'entour,
Avecque la nuict qui couronne
Sa muraille d'un triple tour.
Là, tout debout devant la porte,
Le fils de Japet*, fermement
Courbé dessous le firmament,
Le soustient d'une eschine forte.

Ep.

Dedans ce goufre béant
Hurle la troupe heretique,
Qui par un assaut bellique
Assaillit le Tu-Geant.
Là, tout aupres de ce lieu,
Sont les garnisons du Dieu
Qui sur les meschans eslance
Son foudre pirouëtant,
Comme un Chevalier jettant
Sur les ennemis sa lance (...)

Str. 9

Un tonnerre ailé par la Bise
Ne choque pas l'autre si fort,
Qui sous le vent Africain brise
Mesme air par un contraire effort,
Comme les camps s'entre-heurterent
A l'aborder de divers lieux ;
Les poudres sous leurs pieds monterent
Par tourbillons jusques aux cieux.
Un cri se fait, Olympe en tonne,
Othrye* en bruit, la mer tressaut,
Tout le Ciel en mugle là haut,
Et là bas l'Enfer s'en estonne.

Ant.

Voici le magnanime Hercule
Qui de l'arc Rhete a menacé,
Voici Myme qui le recule
Du heurt d'un rocher eslancé ;
Neptune, à la fourche estofée
De trois crampons vint se mesler
Par la troupe, contre Typhée*
Qui roüoit une fonde en l'air ;
Ici Phebus, d'un trait qu'il jette,
Fit Encelade* trebucher ;
Là Porfyre luy fit broncher
Hors des poings l'arc et la sagette.

Adonc le Pere puissant
Qui d'os et de nerfs s'efforce,
Ne mist en oubli la force
De son foudre punissant :
My-courbant son sein en bas
Et dressant bien haut le bras
Contre eux guigna la tempeste,
Laquelle en les foudroyant
Sifloit aigu-tournoyant
Comme un fuzeau sus leur teste.

Str. 10

De feu les deux piliers du monde
Bruslez jusqu'au fond chancelloyent ;
Le Ciel ardoit, la terre et l'onde
Tous petillans estincelloyent,
Si que le souffre, amy du foudre,
Qui tomba lors sur les Geans,
Jusqu'aujourdhuy noircist la poudre
Qui put par les champs Phlegreans*.
A-tant les filles de Memoire
Du luth appaiserent le son,
Finissant leur douce chanson
Par ce bel hymne de victoire.

Ant.

Jupiter qui tendoit l'oreille,
La combloit d'un aise parfait,
Ravi de la voix nompareille,
Qui si bien l'avoit contrefait,
Et retourné, rit en arriere
De Mars qui tenoit l'œil fermé,
Ronflant sur sa lance guerriere,
Tant la chanson l'avoit charmé.
Baisant ses filles, leur commande
De luy requerir pour guerdon
De leurs chansons, quelque beau don
Qui soit digne de leur demande.

Ep.   Lors sa race s'approcha,
                Et luy flatant de la destre
                Les genoux, de la senestre
                Le sous-menton luy toucha ;
                Voyant son grave sourci,
                Long temps fut béante ainsi
                Sans parler, quand Calliope*
                De la belle voix qu'elle a,
                Ouvrant sa bouche, parla
                Seule pour toute la trope.

Str. 11   Donne nous, mon pere, dit-elle,
                Pere, dit-elle, donne nous
                Que nostre chanson immortelle
                Passe en douceur le sucre dous ;
                Fay nous Princesses des montagnes,
                Des antres, des eaux et des bois,
                Et que les prez et les campagnes
                S'animent dessous nostre vois :
                Donne nous encor d'avantage
                La tourbe des chantres divins,
                Les Poëtes et les Devins,
                Et les Prophetes en partage.

Ant.   Fay que les vertueux miracles
                Des vers charmez et enchantez
                Soyent à nous, et que les oracles
                Par nous encore soyent chantez.
                Donne nous ceste double grace
                De fouler l'Enfer odieux,
                Et de sçavoir la courbe trace
                Des feux qui dancent par les Cieux.
                Donne nous encor la puissance,
                D'arracher les ames dehors
                Le sale bourbier de leurs corps,
                Pour les re-joindre à leur naissance.

Ep. Donne nous que les Seigneurs,
Les Empereurs et les Princes
Soyent veus Dieux en leurs provinces,
S'ils reverent nos honneurs.
Fay que les Rois decorez,
De nos presens honorez,
Soyez aux hommes admirables,
Lors qu'ils vont par la cité,
Ou lors que pleins d'equité
Donnent les loix venerables.

Str. 12 A-tant acheva sa requeste,
Courbant les genoux humblement,
Que Jupin d'un seul clin de teste
Accorda liberalement.
Si toutes les femmes mortelles
Que je donte dessous mes bras,
Me concevoyent des filles telles,
Dit-il, il ne me chaudroit pas
Ny de Junon ny de sa rage :
Tousjours pour me faire honteux,
M'enfante ou des monstres boiteux,
Ou des fils de mauvais courage,

Ant. Comme Mars ; mais vous, troupe chere,
Que j'aime trop plus que mes yeux,
Je vous plantay dans vostre mere
Pour plaire aux hommes et aux Dieux.
Sus donques, retournez au monde,
Coupez moy de rechef les flos,
Et là d'une langue faconde
Chantez ma gloire et vostre los.
Vostre mestier, race gentille,
Les autres mestiers passera,
D'autant qu'esclave il ne sera
De l'art, aux Muses inutile.

102

Ep.

Par art le navigateur
Dans la mer manie et vire
La bride de son navire.
Par art plaide l'Orateur,
Par art les Rois sont guerriers,
Par art se font les ouvriers ;
Mais si vaine experience
Vous n'aurez de tel erreur,
Sans plus ma sainte fureur
Polira vostre science.

Str. 13

Comme l'Aimant sa force inspire
Au fer qui le touche de pres,
Puis soudain ce fer tiré tire
Un autre qui en tire apres,
Ainsi du bon fils de Latonne
Je raviray l'esprit à moy,
Luy, du pouvoir que je luy donne,
Ravira les vostres à soy.
Vous par la force Apollinée
Ravirez les Poëtes saints,
Eux, de vostre puissance attaints,
Raviront la tourbe estonnée.

Ant.

A fin, ô Destins, qu'il n'avienne
Que le monde appris faussement,
Pense que vostre mestier vienne
D'art, et non de ravissement.
Cest art penible et miserable
S'eslongnera de toutes parts
De vostre mestier honorable
Desmembré en diverses parts,
En Prophetie, en Poësies,
En mysteres et en amour,
Quatre fureurs qui tour-à-tour
Chatouilleront vos fantasies.

103

Le traict qui fuit de ma main,
Si tost par l'air ne chemine,
Comme la fureur divine
Vole dans un cœur humain,
Pourveu qu'il soit preparé,
Pur de vice, et reparé
De la vertu precieuse.
Jamais les Dieux qui sont bons
Ne respandent leurs saints dons
Dans une ame vicieuse.

Str. 14

Lors que la mienne ravissante
Vous viendra troubler vivement,
D'une poitrine obeïssante
Tremblez dessous son mouvement,
Et souffrez qu'elle vous secoüe
Le corps et l'esprit agité,
A fin que Dame elle se joüe
Au temple de sa Deité.
Elle, de toutes vertus pleine,
De mes secrets vous remplira,
Et en vous les accomplira
Sans art, sans sueur ne sans peine.

Ant.

Mais par-sur tout prenez bien garde,
Gardez-vous bien de n'employer
Mes presens dans un cœur qui garde
Son peché, sans le nettoyer.
Ains*, devant que de luy respandre,
Purgez-le de vostre douce eau,
A fin que bien net puisse prendre
Un beau don dans un beau vaisseau*.
Et luy purgé, à l'heure, à l'heure,
Tout ravi d'esprit chantera
Un vers en fureur qui fera
Au cœur des hommes sa demeure.

Celuy qui sans mon ardeur
Voudra chanter quelque chose,
Il voirra ce qu'il compose
Veuf de grace et de grandeur :
Ses vers naistront inutis
Ainsi qu'enfans abortis
Qui ont forcé leur naissance,
Pour monstrer en chacun lieu
Que les vers viennent de Dieu,
Non de l'humaine puissance.

Str. 15

Ceux que je veux faire Poëtes
Par la grace de ma bonté,
Seront nommez les interpretes
Des Dieux et de leur volonté.
Mais ils seront tout au contraire
Appellez sots et furieux
Par le caquet du populaire,
De sa nature injurieux.
Tousjours pendra devant leur face
Quelque Demon, qui au besoin
Comme un bon valet, aura soin
De toutes choses qu'on leur face.

Ant.

Allez, mes filles, il est heure
De fendre les champs escumeux !
Allez, ma gloire la meilleure,
Allez, mon los le plus fameux !
Vous ne devez dessus la terre
Long temps ceste fois sejourner,
Que l'Ignorance avec sa guerre
Ne vous contraigne retourner,
Pour retomber sous la conduite
D'un guide, dont la docte main
Par un effroy Grec et Romain,
Tournera l'Ignorance en fuite.

A-tant Jupiter enfla
          Sa bouche rondement pleine,
          Et du vent de son haleine
          Son bon esprit leur soufla.
          Apres leur avoir donné
          Le luth qu'avoit façonné
          L'ailé courrier Atlantide,
          D'ordre par l'eau s'en-re-vont ;
          En tranchant l'onde elles font
          Ronfler la campagne humide.

Str. 16   Dieu vous gard, Jeunesse divine,
          Reschauffez-moy l'affection
          De tordre les plis de cest Hymne
          Au comble de perfection.
          Desillez-moy l'ame assoupie
          En ce gros fardeau vicieux,
          Et faites que tousjours j'espie
          D'œil veillant les secrets des Cieux ;
          Donnez-moy le sçavoir d'eslire
          Les vers qui sçavent contenter,
          Et mignon des Graces chanter
          Mon FRANCION sus vostre lyre.

Ant.   Elles tranchans les ondes bleües,
          Vindrent du fond des flots chenus,
          Ainsi que neuf petites nües
          Parmi les peuples incognus ;
          Puis dardant leurs flames subtiles,
          Du premier coup ont agité
          Le cœur prophete des Sibyles
          Espoint de leur divinité,
          Si bien que leur langue comblée
          D'un son douteusement obscur,
          Chantoit aux hommes le futur
          D'une bouche toute troublée.

Apres, par tout l'univers,
Les responses prophetiques
De tant d'oracles antiques
Furent dites par les vers.
En vers se firent les lois,
Et les amitiez des Rois
Par les vers furent acquises,
Par les vers on fist armer
Les cœurs, pour les animer
Aux vertueuses emprises (...)

42

ODE À CALLIOPE

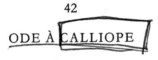

Drive
away
my enemies

Descen du ciel, Calliope*, et repousse
Tous ennemis de moy, ton nourrisson,
Soit de ton luth, ou soit de ta voix douce,
Et mes soucis charme de ta chanson.
Par toy je respire,
Par toy je desire
Plus que je ne puis ;
C'est toy, ma Princesse,
Qui me fais sans cesse
Fol comme je suis.

Dedans le ventre avant que né je fusse,
Pour t'honorer tu m'avois ordonné :
Le Ciel voulut que ceste gloire j'eusse
D'estre ton chantre avant que d'estre né.
La bouche m'agrée
Que ta voix sucrée
De son miel a peu,

107

Et qui sur Parnase
De l'eau de Pegase
Gloutement a beu.

Heureux celuy que ta folie affole,
Heureux qui peut par tes traces errer ;
Celuy se doit d'une docte parole
Hors du tombeau tout vif se deterrer.
Pour t'avoir servie,
Tu as de ma vie
Honoré le train ;
Suivant ton escole,
Ta douce parole
M'eschauffa le sein.

Dieu est en nous, et par nous fait miracles ;
D'accords meslez s'égaye l'Univers ;
Jadis en vers se rendoient les oracles,
Et des hauts Dieux les hymnes sont en vers.
Si dez mon enfance
Le premier de France
J'ay pindarizé,
De telle entreprise
Heureusement prise
Je me voy prisé.

Chacun n'a pas les Muses en partage,
Et leur fureur tout estomac ne poind :
A qui le Ciel a fait tel avantage,
Veinqueur des ans son nom ne mourra point.
Durable est sa gloire,
Tousjours la memoire
Sans mourir le suit ;
Comme vent grand erre
Par mer et par terre
S'escarte son bruit.

C'est toy qui fais que j'aime les fontaines
Tout esloigné du vulgaire ignorant,
Tirant mes pas sur les roches hautaines
Apres les tiens que je vais adorant.

> Tu es ma liesse,
> Tu es ma deesse,
> Tu es mes souhais ;
> Si rien je compose,
> Si rien je dispose,
> En moy tu le fais.

Dedans quel antre, en quel desert sauvage
Me guides-tu, et quel ruisseau sacré
Fils d'un rocher, me sera doux breuvage
Pour mieux chanter ta louange à mon gré ?

> Ça, page, ma lyre,
> Je veux faire bruire
> Ses languettes d'or ;
> La divine grace
> Des beaux vers d'Horace
> Me plaist bien encor.

Mais tout soudain d'un haut stile plus rare
Je veux sonner le sang Hectorean*,
Changeant le son du Dircean* Pindare
Au plus haut bruit du chantre Smyrnean*.

DEUXIÈME PARTIE

ÉTÉ

I. L'été des saisons

43

ODE DE LA VENUE DE L'ÉTÉ

Desja les grand's chaleurs s'esmeuvent,
Et taris les fleuves ne peuvent
Leurs peuples escaillez couvrir.
Ja voit on la plaine alterée
Par la grande torche etherée
De soif se lascher et s'ouvrir.

L'estincelante Canicule,
Qui ard, qui cuist, qui boust, qui brule,
L'ardeur nous lance de là haut,
Et le Soleil qui se promeine
Par le bras du Cancre*, rameine
Tels jours recuits d'extreme chaud.

Ici la diligente troupe
Des mesnagers*, par ordre coupe
Le poil de Cerés derobé,
Et là, jusques à la vesprée,
Abat les honneurs de la prée,
D'une faucille au dos courbé.

Ce-pendant leurs femmes sont prestes
D'asseurer au haut de leurs testes
Des plats de bois et des baris,
Et filant, marchent par la plaine
Pour aller soulager la peine
De leurs laborieux maris.

Si tost ne s'esveille l'Aurore,
Que le pasteur ne soit encore
Plustost levé qu'elle, et alors
Au son de la corne resveille
Son troupeau qui encor sommeille
Dessus la fraische herbe dehors.

Parmi les plaines descouvertes,
Par les bois, par les rives vertes,
Par l'herbe qui croist à foison,
Paist le gras troupeau porte-laine
Et celuy dont l'eschine est pleine
De long poil en lieu de toison.

Parmi les prez, amis des ondes,
Les jeunes troupes vagabondes,
Les filles des troupeaux lascifs
De fronts retournez s'entre-choquent
Davant les vieux boucs qui s'en moquent
Au haut du prochain tertre assis.

Mais quand en sa distance egale
Est le Soleil, et la cigale
Espand l'enrouë de sa voix,
Et que nul Zephyre n'haleine
Tant soit peu les fleurs en la plaine,
Ne la teste ombreuse des bois,

Adonc le pasteur entrelace
Ses paniers de torce pelace*,

Ou il englüe les oiseaux,
Ou nud comme un poisson il noüe*,
Et avec les ondes se joüe
Cherchant le plus profond des eaux.

Si l'antique fable est croyable,
Erigone* la pitoyable
En tels mois alla luire aux cieux
En forme de vierge, qui ores
Reçoit en son giron encores
Le commun œil de tous les Dieux.

Œil incognu de nos valées,
Où les fontaines em-perlées
Des fleurs remirent la couleur,
Et où mille troupeaux se pressent,
Et le nez contre terre baissent,
Rebattant leurs flancs de chaleur.

Sous les chesnes qui refrechissent,
Remaschent les bœufs, qui languissent
Au piteux cri continuel
De la genice qui lamente
L'ingrate amour dont la tourmente
Par les bois son toreau cruel.

Le pastoureau qui s'en estonne,
S'essaye du flageol qu'il sonne
De soulager son mal ardent ;
Ce qu'il fait, tant qu'il voye pendre
Contre-bas Phebus, et descendre
Son chariot en l'Occident.

Et lors de toutes parts r'assemble
Sa troupe vagabonde ensemble,
Et la convoye aux douces eaux,

Qui sobre en les beuvant ne touche
Sans plus que du haut de la bouche
Le premier front des pleins ruisseaux.

Puis au son des douces musettes
Marchent les troupes camusettes*
Pour aller trouver le sejour
Où les aspres chaleurs deçoivent
Par un dormir qu'elles reçoivent
Lentement jusqu'au poinct du jour.

DEUX ODES
À LA FONTAINE BELLERIE

44

O Fontaine Bellerie,
Belle fontaine cherie
De nos Nymphes, quand ton eau
Les cache au creux de ta source,
Fuyantes le Satyreau,
Qui les pourchasse à la course
Jusqu'au bord de ton ruisseau,

Tu es la Nymphe eternelle
De ma terre paternelle :
Pource en ce pré verdelet
Voy ton Poëte qui t'orne
D'un petit chevreau de lait,
A qui l'une et l'autre corne
Sortent du front nouvelet.

L'Esté je dors ou repose
Sus ton herbe, où je compose,
Caché sous tes saules vers,
Je ne sçay quoy, qui ta gloire
Envoira par l'univers,
Commandant à la Memoire
Que tu vives par mes vers.

L'ardeur de la Canicule
Ton verd rivage ne brule,
Tellement qu'en toutes pars
Ton ombre est espaisse et druë
Aux pasteurs venans des parcs,
Aux bœufs las de la charruë,
Et au bestial espars.

Iô ! tu seras sans cesse
Des fontaines la princesse,
Moy celebrant le conduit
Du rocher percé, qui darde
Avec un enroué bruit
L'eau de ta source jazarde
Qui trepillante se suit.

45

Escoute moy, Fontaine vive,
En qui j'ay rebeu si souvent
Couché tout plat dessur ta rive,
Oisif à la fraischeur du vent ;

Quand l'Esté mesnager* moissonne
Le sein de Cerés dévestu,

Et l'aire par compas resonne
Gemissant sous le blé batu,

Ainsi tousjours puisses-tu estre
En devote religion
Au bœuf, et au bouvier champestre
De ta voisine region ;

Ainsi tousjours la Lune claire
Voye à mi-nuict au fond d'un val
Les Nymphes pres de ton repaire
A mille bonds mener le bal,

Comme je desire, Fontaine,
De plus ne songer boire en toy
L'Esté, lors que la fiévre ameine
La mort despite contre moy.

46

L'HYMNE DE L'ÉTÉ

À FLEURIMONT ROBERTET,
seigneur de Fresne

Couché dessous l'ombrage, aupres d'une fonteine,
Evitant la chaleur que l'Esté nous ameine,
Que sçauroy-je mieux faire en un lieu si plaisant,
Sinon chanter l'Esté de flames reluisant,
Et tout chargé de feu, comme une masse ardante,
Qu'une tenaille serre en sa pince mordante ?
Chantons donques l'Esté, et montons au coupeau*
Du Nynfal Helicon* par un sentier nouveau ;

Cherchons autre chemin, celuy ne me peut plaire :
Qui suit, en imitant, les traces du vulgaire.
   Nouveau Cygne emplumé, je veux voler bien haut,
Et veux comme l'Esté avoir l'estomac chaud
Des ardeurs d'Apollon, courant par la carriere
Des Muses, et jetter une obscure poussiere
Aux yeux de mes suivans, qui voudroyent comme moy
Grimper sur Helicon*, où de l'onde je boy
Qui me fait rapporter tout enflé la victoire,
A fin que nul ne puisse avoir part à ma gloire,
Ny au Laurier sacré, en tout temps verdissant,
Que je veux marier au Fresne fleurissant.
   L'amoureuse Nature estoit un jour fâchée
De se voir sans rien faire, aupres du Temps couchée :
« Il y a, ce disoit, tant de siecles passez
Que du Temps, mon mary, les membres sont cassez,
Froids, perclus, impotens, la charge de ma couche ;
Ce n'est plus que du plomb, ce n'est plus qu'une souche
Qui sans se remuer gist le long d'un sentier,
Apres qu'elle a senti le fer du charpentier.
J'ay beau passer ma main tres-delicate et blanche
Ores dessus son ventre, ores dessus sa hanche,
   J'ay beau fourcher ma jambe et chatouiller sa chair,
Il demeure immobile, aussi froid qu'un rocher,
Descharné, deshallé, sans puissance ny force,
N'ayant plus rien de vif sinon un peu d'escorce.
En lieu de me responde il ronfle, et si ne puis
En tirer seulement un baiser en trois nuicts.
   Las ! il n'estoit pas tel, quand, pour sa chere espouse,
Il me prist chez mon pere : il n'aimoit autre chouse
Que l'amoureux deduit, duquel les mariez
Se trouvent bras-à-bras à leurs femmes liez.
Tousjours il m'accoloit d'une chaude ambrassée,
Tousjours ma bouche estoit à la sienne pressée,
Et fusmes si gaillars que ce grand Univers
Fut peuplé tout soudain de nos enfans divers,

Car tout cela qui vit et qui habite au monde,
Est yssu du plaisir de nostre amour feconde.
   Maintenant il est vieil et je ne le suis pas !
Je sens encor en moy les gracieux appas,
Dont Amour, mon enfant, chatouille la pensée,
Et sa flame en mon cœur n'est encor effacée.
Bref, j'ay deliberé de me donner plaisir,
Aupres de mon mary, je ne veux plus gesir.
La foy de mariage est pour les hommes faite
Grossiers, mal-advisez et de race imparfaite,
Assujettis aux lois, et non pas pour les Dieux
Qui pleins de liberté habitent dans les Cieux.
Quant-à-moy, je suis franche, et Déesse j'estime
Autant un fils bastard, comme un fils legitime. »
   Ainsi disoit Nature, et de ce pas alla
Au palais du Soleil, auquel ainsi parla :
   « Soleil, de ce grand Tout, l'ame, l'œil et la vie,
Je suis de tes beautez en l'ame si ravie,
Que tu me verras toute en larmes consommer,
S'il ne te plaist guarir mon mal, qui vient d'aimer.
Bien que ce soit vergongne aux femmes d'oser dire,
Et premieres conter leur amoureux martyre,
Ne devans par honneur aux hommes confesser
Qu'Amour puisse leur cœur de ses fleches blesser,
Si est-ce qu'en aimant en une place haute,
De confesser son mal il n'y a point de faute,
Car, plus le lieu qu'on aime est honorable et haut,
Plus l'excuse est louable et petit le defaut.
D'autant que la grandeur, qui nostre ame maistrise,
Desrobe en commandant nous et nostre franchise ;
De là vient nostre ardeur, qui porte avecques soy
Le feu qui se decele et qui n'a point de loy.
   Te voyant l'autre jour chez mon pere, à la table,
Sans barbe et chevelu, de visage accointable,
Jeune, doux et courtois, tu me gaignas le cœur ;
Depuis je n'ay vescu qu'en peine et en langueur,

Souspirante pour toy et pour ton beau visage,
Qui m'a dedans l'esprit imprimé ton image ;
Je ne fais que gemir, et pense nuit et jour
Le moyen de guarir mes pleurs et mon amour.
    Aux charmes*, pour l'oster, j'ay mis ma fantaisie,
Mais mon ame, qui vit de trop d'amour saisie,
Refuse tout confort ; mon extreme secours
Est d'avoir, sans tarder, à ta grace recours,
Et t'embrasser tout nud, pendant que la Nuict brune
Conduira par le Ciel les chevaux de la Lune. »
    Le Soleil, qui se vit de telle Dame aimé,
Fut de pareille amour tout soudain allumé :
Un magnanime cœur volontiers ne s'excuse,
Et, quand il est aimé, d'aimer il ne refuse.
Encore qu'elle fust un peu vieille à la voir,
Si est-ce que sa grace avoit peu l'esmouvoir,
Et luy avoit jetté le soulfre dans les veines,
Qui jà de son amour s'allumoyent toutes pleines,
Fumantes du desir hautain et genereux
De venir promptement au combat amoureux.
    Les Heures, qui estoyent du Soleil chambrieres,
Appresterent la couche, et gentilles ouvrieres,
Parfumerent les draps, et de mille couleurs
Jetterent par dessus des bouquets et des fleurs,
Puis, faisant en la chambre arriver le Silence,
Coucherent les amans remplis d'impatience.
    De quatre embrassemens que Nature receut
D'un ami si ardant, feconde, elle conceut
Quatre enfans en un coup : l'un fut Hermafrodite,
Le Printemps est son nom, de puissance petite,
Entre masle et femelle, inconstant, incertain,
Variable en effect du soir au lendemain.
L'Esté fut masle entier, ardant, roux, et colere,
Estincelant et chaud, ressemblant à son pere,
Guerrier, prompt et hardi, tousjours en action,
Vigoureux, genereux, plein de perfection,

Ennemi de repos. L'Autonne fut femelle,
Qui n'eut rien de vertu ny de puissance en elle.
L'Hyver fut masle entier, monstrueux et hideux,
Negeux, tourbillonneux, pluvieux et venteux,
Perruqué de glaçons, herissé de froidure,
Qui fist peur en naissant à sa mere Nature.

    Aussi tost que l'Aurore eut quitté le sejour
De son vieillard Tithon pour allumer le jour,
Le Soleil s'esveilla, et resveilla s'amie,
Qui d'aise languissoit en ses bras endormie.
Se rebaisant l'un l'autre, ils sortent hors du lit ;
Mais si tost que le Ciel de roses s'embellit,
Le Soleil s'en-alla, et pendit en escharpe
Son carquois d'un costé et de l'autre sa harpe,
Il ceingnit son baudrier de gemmes somptueux,
Il affubla son chef de rayons tortueux,
Ceingnit sa dague d'or, ardante de lumiere,
Et à pied s'en-alloit commencer sa carriere (...)

    En ce-pendant l'Esté, qui, bon fils, obtempere
Au Soleil, est nourri chez le Soleil son pere ;
Il devint en un mois grand, corpulent et fort,
Et jà de son menton le poil doré luy sort.
Les Dieux, tout en un coup, à leur âge parviennent,
Les hommes par le temps en accroissance viennent,
Car ils sont immortels, les hommes d'ici-bas
Apres mille travaux sont sujets au trespas.
Aussi tost qu'il fut grand, ayant l'âge où commence
A s'enfler dans les reins l'amoureuse semence,
Cerés en fut esprise, et brulant d'amitié
Vint voir son amoureux, lequel en eut pitié,
Et comme elle portoit une peine plus forte,
La premiere commence et dist en ceste sorte :

    « Je ne vien pas ici, tant pour me secourir
Du mal de trop aimer dont tu me fais mourir,
Que pour garder ce monde et luy donner puissance,
Vertu, force et pouvoir, lequel n'est qu'en enfance,

Debile, sans effect et sans maturité,
Par faute de sentir nostre divinité.
   Depuis que le Printemps, ceste garse* virile
Aime la Terre en vain, la Terre est inutile,
Qui ne porte que fleurs, et l'humeur qui l'espoint,
Languit tousjours en séve, et ne se meurist point.
De quoy servent les fleurs si les fruits ne meurissent ?
De quoy servent les blez si les grains ne jaunissent ?
Toute chose a sa fin et tend à quelque but :
Le Destin l'a voulu, lors que ce monde fut
En ordre comme il est ; telle est la convenance
De Nature et de Dieu par fatale ordonance.
Et pource, s'il te plaist pour espouse m'avoir,
Pleine de ta vertu, je feray mon devoir
De meurir les amours de la Terre infeconde,
Et de rendre parfait l'imparfait de ce monde.
   A toy fils du Soleil est la perfection,
Tu soustiens et nourris la generation,
Car rien sans ta vertu au monde ne peut estre,
Comme estant des saisons le Seigneur et le maistre. »
Ainsi disoit Cerés, et l'Esté tout soudain
De sa vive chaleur luy eschaufa le sein,
La prist pour son espouse, et, la prenant à l'heure,
La Terre se vestit d'une forme meilleure
Par tel embrassement, lequel en peu de jours
Du beau Printemps et d'elle accomplist les amours.
   Je te salue, Esté, le Prince de l'année,
Fils du Soleil, fauteur de toute chose née,
Pere alme, nourricier, donne-blé, donne-vin,
Masle, parfait, entier, tout grand et tout divin,
Perruqué de rayons, qui sers de longue guide
Au Soleil qui matin tient ses chevaux en bride,
Souhaité des humains, tout couronné d'espis,
Qui figures les ans des hommes accomplis,
Qui forges les esclairs, la foudre et le tonnerre,
Marinier, voyager, courrier, homme de guerre (...)

II. *Le soleil et les astres*

47

HYMNE DU CIEL

À JEAN DE MOREL

Embrunois

Morel, qui pour partage en ton ame possedes
Les plus nobles vertus, thresor dont tu ne cedes
A nul de nostre siecle, ou soit en equité,
Soit en candeur de mœurs, ou soit en verité,
Qui, seul de nos François, de mes vers pris la charge,
Couverts de ta faveur, comme Ajax sous sa targe
Couvroit l'archer Teucer, que les Troyens pressoyent
De traits, qui sur le dos du boucler se froissoyent.
Ce-pendant qu'à loisir l'Hynne je te façonne
Des Muses, pren en gré ce Ciel que je te donne,
A toy, digne de luy, comme l'ayant cognu
Long temps avant que d'estre en la terre venu,
Et qui le recognois, si apres la naissance
Quelque homme en eut jamais çà-bas la cognoissance.
    O Ciel rond et vouté, haute maison de Dieu,
Qui prestes en ton sein à toutes choses lieu,
Et qui roules si tost ta grand' boule esbranlée
Sur deux essieux fichez, que la vistesse ailée

Des aigles et des vents par l'air ne sçauroyent pas
En volant egaler le moindre de tes pas,
Tant seulement l'esprit de prompte hardiesse,
Comme venant de toy, egale ta vistesse.
O Ciel, viste coureur, tu parfais ton grand tour,
D'un pied jamais recreu, en l'espace d'un jour !
Ainçois* d'un pied de fer, qui sans cesse retourne
Au lieu duquel il part, et jamais ne sejourne,
Trainant tout avec soy, pour ne souffrir mourir
L'Univers en paresse à faute de courir.

L'esprit de l'Eternel, qui avance ta course,
Espandu dedans toy, comme une vive source,
De tous costez t'anime et donne mouvement,
Te faisant tournoyer en sphere rondement
Pour estre plus parfait, car en la forme ronde
Gist la perfection qui toute en soy abonde.
De ton branle premier, des autres tout divers,
Tu tires au rebours les corps de l'Univers,
Bandez en resistant contre ta violence,
Seuls à part demenant une seconde dance,
L'un deçà, l'autre là, comme ils sont agitez
Des mouvements reiglez de leurs diversitez.
Ainsi, guidant premier si grande compagnie,
Tu fais une si douce et plaisante harmonie,
Que nos luts ne sont rien, au pris des moindres sons
Qui resonnent là-haut de diverses façons (...)

Or, ce Dieu tout-puissant, tant il est bon et dous,
S'est fait le citoyen du monde comme nous,
Et n'a tant desdaigné nostre humaine nature
Qu'il ait outre les bords de ta large closture
Autre maison bastie, ains s'est logé chez toy,
Chez toy, franc de soucis, de peines et d'esmoy,
Qui vont couvrant le front des terres habitables,
Des terres, la maison des humains miserables.

Si celuy qui comprend doit emporter le pris
Et l'honneur sur celuy qui plus bas est compris,

Tu dois avoir l'honneur sur ceste masse toute,
Qui tout seul la comprens dessous ta large voute,
Et en son ordre à part limites un chacun,
Toy, qui n'as ton pareil et ne semble qu'à un
Qu'à toy, qui es ton moule et la seule modelle
De toy-mesme tout rond, comme chose eternelle.
    Tu n'as en ta grandeur commencement ne bout,
Tu es tout dedans toy, de toutes choses tout,
Non contraint, infini, fait d'un fini espace,
Dont le sein large et creux toutes choses embrasse
Sans rien laisser dehors, et pource, c'est erreur,
C'est un extreme abus, une extreme fureur,
De penser qu'il y ait des mondes hors du monde.
Tu prens tout, tu tiens tout dessous ton arche ronde,
D'un contour merveilleux la terre couronnant,
Et la grand' mer qui vient la terre environnant,
L'air espars et le feu, et bref, on ne voit chose
Ou qui ne soit à toy, ou dedans toy enclose,
Et de quelque costé que nous tournions les yeux,
Nous avons pour object la closture des Cieux.
    Tu mets les Dieux au joug d'Anangé* la fatale,
Tu depars à chacun sa semence natale,
La nature en ton sein ses ouvrages respend,
Tu es premier chaisnon de la chaisne qui pend.
Toy, comme fecond pere, en abondance enfantes
Les Siecles, et des ans les suites renaissantes ;
Les mois et les saisons, les heures et les jours,
Ainsi que jouvenceaux jeunissent de ton cours,
Frayant sans nul repos une orniere eternelle,
Qui tousjours se retrace et se refraye en elle ;
Bref, te voyant si beau, je ne sçaurois penser
Que quatre ou cinq mille ans te puissent commencer.
    Sois Saint de quelque nom que tu voudras, ô Pere
A qui de l'Univers la nature obtempere,
Aimantin, varié, azuré, tournoyant,
Fils de Saturne, Roy tout-oyant, tout-voyant ;

Ciel, grand Palais de Dieu, exauce ma priere :
Quand la mort desli'ra mon ame prisonniere,
Et celle de Morel, hors de ce corps humain,
Daigne les recevoir, benin, dedans ton sein,
Apres mille travaux, et vueilles de ta grace
Chez toy les reloger en leur premiere place.

48

LA RELIGION SOLAIRE

(...) Mais qui seroit le Turc, le Juif, le Sarrasin,
Qui, voyant les erreurs du Chrestien son voisin,
Se voudroit baptiser, le voyant d'heure en heure
Changer d'opinion, qui jamais ne s'asseure,
Le cognoissant leger, mutin, seditieux,
Et trahir en un jour la foy de ses ayeux ?
Volontaire incertain, qui au propos chancelle
Du premier qui luy chante une chanson nouvelle ?
Le voyant Manichée, et tantost Arrien,
Tantost Calvinien, tantost Lutherien,
Suivre son propre advis, non celuy de l'Eglise ?
Un vray jonc d'un estang, le jouët de la bise,
Ou quelque girouëtte inconstante, et suivant
Sur le haut d'une tour la volonté du vent ?
Et qui seroit le Turc lequel auroit envie
De se faire Chrestien, en voyant telle vie ?
Certes, si je n'avois une certaine foy
Que Dieu par son esprit de grace a mise en moy,
Voyant la Chrestienté n'estre plus que risée,
J'aurois honte d'avoir la teste baptisée ;
Je me repentirois d'avoir esté Chrestien,
Et comme les premiers je deviendrois Payen.

La nuict j'adorerois les rayons de la Lune,
Au matin, le Soleil, la lumiere commune,
L'œil du monde, et si Dieu au chef porte des yeux,
Les rayons du Soleil sont les siens radieux,
Qui donnent vie à tous, nous conservent et gardent,
Et les faits des humains en ce monde regardent.
    Je dy ce grand Soleil, qui nous fait les saisons
Selon qu'il entre ou sort de ses douze maisons,
Qui remplit l'Univers de ses vertus cognues,
Qui d'un trait de ses yeux nous dissipe les nues,
L'esprit, l'ame du monde, ardant et flamboyant,
En la course d'un jour tout le Ciel tournoyant,
Plein d'immense grandeur, rond, vagabond et ferme,
Lequel a dessous luy tout le monde pour terme,
En repos sans repos, oisif et sans sejour,
Fils aisné de Nature et le pere du Jour.
    J'adorerois Cerés qui les bleds nous apporte,
Et Bacchus qui le cœur des hommes reconforte,
Neptune, le sejour des vents et des vaisseaux,
Les Faunes et les Pans et les Nymphes des eaux,
Et la Terre, hospital de toute creature,
Et ces Dieux que l'on feint ministres de Nature.
    Mais l'Evangile sainct du Sauveur Jesus-Christ
M'a fermement gravée une foy dans l'esprit,
Que je ne veux changer pour une autre nouvelle,
Et deussé-je endurer une mort tres-cruelle (...)

(Remontrance au peuple de France.)

HYMNE DES ÉTOILES

AU SIEUR DE PIBRAC

O des Muses la plus faconde,
Ma Calliope*, conte moy
L'influs* des Astres, et pourquoy
Tant de fortunes sont au monde.
    Discourant mille fois
    Ensemble par les bois,
    Esmerveillez nous sommes
    Des flambeaux de la nuit,
    Et du change qui suit
    La nature des hommes.

Chante moy du Ciel la puissance,
Et des Estoiles la valeur,
D'où le bon-heur et le mal-heur
Vient aux mortels dés la naissance.
    Soit qu'il faille des lors
    Regarder que nos corps,
    Des mottes animées
    Et des arbres crevez
    Nasquirent elevez,
    Comme plantes semées,

Soit qu'on regarde au long espace
De tant de siecles empanez*,
Qui, legers de pieds, retournez
Se suivent d'une mesme trace,
    On cognoistra que tout
    Prend son estre et son bout
    Des celestes chandelles,

Que le Soleil ne voit
Rien çà-bas qui ne soit
En servage sous elles.

De là, les semences des fleuves
Sortent et r'entrent dans la mer ;
De là les terres font germer
Tous les ans tant de moissons neuves,
 De là, naissent les fleurs,
 Les glaces, les chaleurs,
 Les pluyes printanieres ;
 De là, faut que chacun
 Souffre l'arrest commun
 Des Parques filandieres.

En vain l'homme de sa priere
Vous tourmente soir et matin :
Il est trainé par son Destin,
Comme est un flot de sa riviere,
 Ou comme est le tronçon
 D'un arraché glaçon,
 Qui roule à la traverse,
 Ou comme un tronc froissé
 Que le vent courroussé
 Culbute à la renverse.

Bref les humaines creatures
Sont de Fortune le jouët ;
Dans les retours de son rouët
Va devvidant nos avantures.
 Le sage seulement
 Aura commandement
 Sur vostre espesse bande,
 Et sur vous aura lieu*
 L'homme saint qui craint Dieu,
 Car Dieu seul vous commande.

Nostre esprit, une flame agile
Qui vient de Dieu, depend de soy ;
Au corps vous donnez vostre loy,
Comme un potier à son argile.

    Du corps le jour dernier
    Ne differe au premier :
    C'est une chaisne estrainte ;
    Ce qui m'est ordonné
    Au poinct que je fu né,
    Je le suy par contrainte.

L'un meurt au mestier de la guerre,
Noirci d'un poudreux tourbillon,
L'autre pousse d'un aiguillon
Les bœufs au travail de sa terre.

    L'un vit contre son gré,
    Pressé d'un bas degré,
    Qui tend à chose haute ;
    Le mal est defendu,
    L'innocent est pendu,
    Qui ne fit jamais faute (...)

L'un, valet de sa panse pleine,
Pourceau d'Epicure ocieux*,
Mange en un jour de ses ayeux
Les biens acquis à grande peine.

    Ce guerrier qui tantost
    Terre et mer, d'un grand ost,
    Couvroit de tant de voiles,
    Court de teste et de nom
    Pendille à Mont-faucon ;
    Ainsi vous plaist, Estoiles.

Et toutefois, loing des miseres
Qu'aux mortels vous versez ici,
Vous mocquez de nostre souci,

Tournant vos courses ordinaires,
    Et n'avez peur de rien,
    Tant que le fort lien
    De la sainte Nature
    Tient ce monde arresté,
    Et que la majesté
    Du grand Jupiter dure.

Du Ciel les ministres vous estes,
Et agreable n'avez pas
Qu'un autre face rien çà-bas
Ny là-haut, si vous ne le faites.
    Astres, qui tout voyez,
    Ou soit que vous soyez
    Des bosses allumées,
    Ou de testes de cloux
    Ardantes de feu roux,
    Dans le Ciel enfermées,

Je vous salue, heureuses flames,
Estoiles, filles de la Nuit,
Et ce Destin, qui nous conduit,
Que vous pendistes à nos trames (...)

50

HYMNE DE L'ÉTERNITÉ

À LA PRINCESSE MARGUERITE

Tourmenté d'Apollon, qui m'a l'ame eschaufée,
Je veux, plein de fureur, suivant les pas d'Orfée,
Rechercher les secrets de Nature et des Cieux,

Ouvrage d'un esprit qui n'est point ocieux*.
Je veux, s'il m'est possible, attaindre à la louange
De celle qui jamais par les ans ne se change,
Mais bien qui fait changer les siecles et les temps,
Les mois et les saisons et les jours inconstans,
Sans jamais se muer, pour n'estre point sujette,
Comme Royne et maistresse, à la loy qu'elle a faite (...)

    Donne moy, s'il te plaist, immense Eternité,
Pouvoir de celebrer ta grande Deité ;
Donne l'archet d'airain et la Lyre ferrée,
D'acier donne la corde et la voix acerée,
Afin que ma chanson soit vive autant de jours,
Qu'eternelle tu vis sans voir finir ton cours.
Toy, la Royne des ans, des siecles et de l'âge,
Qui as eu pour ton lot tout le Ciel en partage,
La premiere des Dieux, où, bien loin de soucy
Et de l'humain travail qui nous tourmente icy,
Par toy-mesme contente et par toy bienheureuse,
Tu regnes immortelle, en tous biens plantureuse.

    Tout au plus haut du Ciel dans un throne doré
Tu te sieds en l'habit d'un manteau coloré
De pourpre rayé d'or, passant toute lumiere,
Autant que ta splendeur sur toutes est premiere ;
Et là, tenant au poing un grand Sceptre aimantin,
Tu establis tes loix au severe Destin,
Qu'il n'ose outrepasser, et que luy-mesme engrave,
Fermes au front du Ciel, car il est ton esclave,
Ordonnant dessous toy les neuf temples voutez,
Qui dedans et dehors cernent de tous costez,
Sans rien laisser ailleurs, tous les membres du monde
Qui gist dessous tes pieds, comme une boule ronde.

    A ton dextre costé, la Jeunesse se tient,
Jeunesse au chef crespu, de qui la tresse vient
Par flots jusqu'aux talons d'une enlasseure entorse*,
Enflant son estomac de vigueur et de force.
Ceste belle Jeunesse, au teint vermeil et franc,

D'une boucle d'azur ceinte desur le flanc,
Dans un vase doré te donne de la destre
A boire du Nectar, afin de te faire estre
Tousjours saine et disposte, et afin que ton front
Ne soit jamais ridé comme les nostres sont.
Elle, de l'autre main, vigoreuse Déesse,
Repousse l'estomac de la triste Vieillesse,
Et la banist du Ciel à coups de poing, afin
Que le Ciel ne vieillisse et qu'il ne prenne fin.
    A ton autre costé la Puissance eternelle
Se tient debout plantée, armée à la mammelle
D'un corselet gravé qui luy couvre le sein,
Branlant de nuict et jour une espée en la main,
Pour, fidele, garder les bords de ton Empire,
Ton regne et ta richesse, afin que rien n'empire
Par la fuite des ans, et pour donner la mort
A quiconque voudroit ramener le Discord,
Discord ton ennemy, qui ses forces assemble
Pour faire mutiner les Elemens ensemble
A la perte du Monde et de ton doux repos,
Et voudroit, s'il pouvoit, r'engendrer le Chaos.
Mais tout incontinent que cest ennemy brasse
Trahison contre toy, la Vertu le menasse,
L'eternelle Vertu, et le chasse en Enfer,
Garroté, pieds et mains, de cent chaisnes de fer.
    Bien loin derrière toy, comme ta chambriere
La Nature te suit, Nature bonne mere,
D'un baston appuyée, à qui mesmes les Dieux
Font honneur du genoul, quand elle vient aux cieux.
    Saturne apres la suit, le vieillard venerable,
Marchant tardivement, dont la main honorable,
Bien que vieille et ridée, esleve une grand'faux.
Le Soleil vient apres à grands pas tous egaux,
Et l'An qui, tant de fois, tourne, passe et repasse,
Glissant d'un pied certain par une mesme trace.
    O grande Eternité, eternels sont tes faits !

Tu nourris l'Univers en eternelle paix ;
De chainons enlassez les siecles tu attaches,
Et, couvé sous ton sein, tout le monde tu caches,
Luy donnant vie et force, autrement il n'auroit
Membres, ame, ne vie, et sans forme mourroit,
Mais ta vive vertu le conserve en son estre,
Tousjours entier et sain, sans amoindrir ne croistre (...)
　　Tu es toute dans toy, ta partie et ton tout,
Sans nul commencement, sans milieu, ne sans bout,
Invincible, immuable, entiere et toute ronde,
N'ayant partie en toy qui en toy ne responde,
Toute commencement, toute fin, tout milieu,
Sans tenir aucun lieu, de toutes choses lieu,
Qui fais ta Deité en tout par tout estendre,
Qu'on imagine bien, et qu'on ne peut comprendre.
　　Regarde-moy, Déesse, au grand œil tout-voyant,
Mere du grand Olympe au grand tour flamboyant,
Grande mere des Dieux, grande Royne et Princesse ;
Si je l'ay merité, concede-moy, Déesse,
Concede-moy ce don : c'est qu'apres mon trespas,
Ayant laissé tomber ma despouille çà-bas,
Je puisse voir au Ciel la belle Marguerite
Pour qui j'ay ta loüange en cest Hynne descrite.

51

LE CHAT

À REMI BELLEAU

　　Dieu est par tout, par tout se mesle Dieu,
Commencement, la fin et le milieu
De ce qui vit, et dont l'ame est enclose

135

Par tout, et tient en vigueur toute chose,
Comme nostre ame infuse dans nos corps.

Ja des long temps les membres seroyent morts
De ce grand Tout, si ceste ame divine
Ne se mesloit par toute la machine,
Luy donnant vie et force et mouvement ;
Car de tout estre elle est commencement.

Des Elemens et de ceste ame infuse
Nous sommes nez ; le corps mortel qui s'use
Par trait de temps des Elemens est fait ;
De Dieu vient l'ame, et comme il est parfait,
L'ame est parfaite, intouchable, immortelle,
Comme venant d'une essence eternelle ;
L'ame n'a donc commencement ny bout,
Car la partie ensuit tousjours le tout.

Par la vertu de ceste ame meslée
Tourne le Ciel à la voûte estoilée,
La mer ondoye, et la terre produit
Par les saisons herbes, fueilles et fruit ;
Je dy la terre, heureuse part du monde,
Mere benigne, à gros tetins, feconde,
Au large sein : de là tous animaux,
Les emplumez, les escadrons des eaux,
De là, Belleau, ceux qui ont pour repaire
Ou le rocher ou le bois solitaire,
Vivent et sont ; et mesmes les metaux,
Les diamans, rubis Orientaux,
Perles, saphirs ont de là leur essence,
Et par telle ame ils ont force et puissance,
Qui plus, qui moins, selon qu'ils en sont pleins ;
Autant en est de nous, pauvres humains.

Ne vois-tu pas que la sainte Judée
Sur toute terre est plus recommandée
Pour apparoistre en elle des esprits
Remplis de Dieu, de Prophetie épris ?

Les regions, l'air et le corps y servent,

Qui l'ame saine en un corps sain conservent ;
Car d'autant plus que bien sain est le corps,
L'ame se monstre et reluist par dehors.
    Or, comme on voit qu'entre les hommes naissent
Augurs, devins et prophetes qui laissent
Un tesmoignage à la posterité
Qu'ils ont vescu pleins de divinité,
Et comme on voit naistre ici des Sibyles
Par les troupeaux des femmes inutiles,
Ainsi voit-on, prophetes de nos maux
Et de nos biens, naistre des animaux,
Qui le futur par signes nous predisent,
Et les mortels enseignent et avisent.
Ainsi le veut ce grand Pere de tous,
Qui de sa grace a toujours soin de nous.
    Pere il concede en ceste terre large
Par sa bonté aux animaux la charge
De tel souci pour ne douter de rien,
Ayant chez nous qui nous dit mal et bien.
    De là sortit l'escolle de l'Augure
Merquant l'oiseau, qui par son vol figure
De l'advenir le prompt evenement,
Ravi de Dieu ; et Dieu jamais ne ment.
    En nos maisons ce bon Dieu nous envoye
Le coq, la poule et le canard et l'oye,
Qui vont monstrant d'un signe non obscur,
Soit ou mangeant ou chantant, le futur.
    Herbes et fleurs et les arbres qui croissent
En nos jardins prophetes apparoissent :
Mien est l'exemple et par moy je le sçay ;
Enten l'histoire et je te diray vray (...)
Mais par-sus tous l'animal domestique
Du triste Chat a l'esprit prophetique,
Et faisoyent bien ces vieux Egyptiens
De l'honorer, et leurs Dieux qui de chiens
Avoyent la face et la bouche aboyante.

L'ame du Ciel en tout corps tournoyante
Les pousse, anime, et fait aux hommes voir
Par eux les maux ausquels ils doivent choir.
Homme ne vit qui tant haysse au monde
Les chats que moy d'une haine profonde ;
Je hay leurs yeux, leur front et leur regard,
Et les voyant je m'enfuy d'autre part,
Tremblant de nerfs, de veines et de membre,
Et jamais chat n'entre dedans ma chambre,
Abhorrant ceux qui ne sçauroyent durer
Sans voir un chat aupres eux demeurer.
Et toutefois ceste hideuse beste
Se vint coucher tout aupres de ma teste,
Cherchant le mol d'un plumeux oreiller
Où je soulois à gauche sommeiller ;
Car volontiers à gauche je sommeille
Jusqu'au matin que le coq me resveille.
Le chat cria d'un miauleux effroy ;
Je m'esvaillay comme tout hors de moy,
Et en sursaut mes serviteurs j'appelle ;
L'un allumoit une ardente chandelle,
L'autre disoit qu'un bon signe c'estoit
Quand un chat blanc son maistre reflatoit ;
L'autre disoit que le chat solitaire
Estoit la fin d'une longue misere.
Et lors, fronçant les plis de mon sourci,
La larme à l'œil, je leur respons ainsi :
Le chat devin miaulant signifie
Une fascheuse et longue maladie,
Et que long temps je gard'ray la maison,
Comme le chat, qui en toute saison
De son seigneur le logis n'abandonne (...)
Autant en est de la tarde tortüe
Et du limas qui plus tard se remüe,
Porte-maisons, qui tousjours sur le dos
Ont leur palais, leur lict et leur repos,

Lequel leur semble aussi bel edifice
Qu'un grand chasteau basti par artifice.
L'homme, de nuit songeant ces animaux,
Peut bien penser que longs seront ses maux ;
Mais s'il songeoit une grue ou un cygne,
Ou le pluvier, cela luy seroit signe
De voyager ; car tels oiseaux sont pront'(...)
    Dieu qui tout peut, aux animaux permet
De dire vray, et l'homme qui ne met
Creance en eux est du tout frenetique* ;
Car Dieu par tout en tout se communique.
    Mais quoy ! je porte aux forests des rameaux,
En l'Ocean des poissons et des eaux,
Quand d'un tel vers, mon Belleau, je te flate,
Qui as traduit du vieil poëte Arate*
Les signes vrais des animaux certains,
Que Dieu concede aux ignorans humains
En leurs maisons, et qui n'ont cognoissance
Du cours du Ciel ny de son influence*,
Enfans de terre : ainsin il plaist à Dieu,
Qui ses bontez eslargist en tout lieu,
Et pour aimer sa pauvre creature,
A sous nos pieds prosterné la nature
Des animaux, autant que l'homme est fait
Des animaux l'animal plus parfait.

III. L'été des passions

52

SONNET À CASSANDRE

Non la chaleur de la terre qui fume
Aux jours d'Esté luy crevassant le front ;
Non l'Avant-Chien*, qui tarit jusqu'au fond
Les tiedes eaux, qu'ardant de soif il hume ;
    Non ce flambeau qui tout ce monde allume
D'un bluetter* qui lentement se fond ;
Bref, ny l'esté, ny ses flames ne font
Ce chaud brazier qui mes veines consume.
    Vos chastes feux, esprits de vos beaux yeux,
Vos doux esclairs qui rechauffent les cieux,
De mon brazier eternizent la flame,
    Et soit Phœbus attelé pour marcher
Devers le Cancre*, ou bien devers l'Archer*,
Vostre œil me fait un Esté dedans l'ame.

53

SONNET À MARIE

Tu as beau, Jupiter, l'air de flames dissoudre,
Et faire d'un grand bruit galloper tes chevaux
Ronflans à longs esclairs par le creux des nuaux,
Et en cent mille esclats coup sur coup les descoudre,
    Je ne crains tes esclairs, ny ton son, ny ta foudre,
Comme le cœur peureux des autres animaux :
Il y a trop long temps que les foudres jumeaux
Des yeux de ma maistresse ont mis le mien en poudre.
    Je n'ay plus ny tendons ny arteres ny nerfs ;
Les feux trop violents qu'en aimant j'ay soufferts,
M'ont tourné tout le corps et toute l'ame en cendre.
    Je ne suis plus un homme, ô estrange meschef !
Mais un fantaume vain, qu'on ne sçauroit plus prendre,
Tant la foudre amoureuse est cheute sus mon chef.

54

CHANSON À MARIE

(...) Desja l'Esté, et Ceres la blétiere*,
Ayant le front orné de son present,
Ont ramené la moisson nourriciere
Depuis le temps que d'elle suis absent,

Loing de ses yeux, dont la lumiere belle
Seule pourroit guarison me donner,
Et si j'estois là bas en la nacelle*,
Me pourroit faire au monde retourner.

Mais ma raison est si bien corrompue
Par une fausse et vaine illusion,
Que nuict et jour je la porte en la veuë,
Et sans la voir j'en ay la vision.

Comme celuy qui contemple les nuës,
Fantastiquant mille monstres bossus,
Hommes, oiseaux, et Chimeres cornues,
Tant par les yeux ses esprits sont deceus,

Et comme ceux, qui d'une haleine forte,
En haute mer, à puissance de bras
Tirent la rame, ils l'imaginent torte,
Et toutesfoys la rame ne l'est pas ;

Ainsi je voy d'une œillade trompee
Cette beauté dont je suis depravé,
Qui par les yeux dedans l'ame frapée,
M'a vivement son portrait engravé.

Et soit que j'erre au plus haut des montaignes,
Ou dans un bois, loing de gens et de bruit,
Ou sur le Loir, ou parmy les campaignes,
Tousjours au cœur ce beau portrait me suit ;

Si j'apperçoy quelque champ qui blondoye
D'espics frisez au travers des sillons,
Je pense voir ses beaux cheveux de soye
Espars au vent en mille crespillons.

Si le Croissant au premier mois j'avise,
Je pense voir son sourcil ressemblant
A l'arc d'un Turc qui la sagette a mise
Dedans la coche et menace le blanc.

Quand à mes yeux les estoiles drillantes*
Viennent la nuict en temps calme s'offrir,
Je pense voir ses prunelles ardantes,
Que je ne puis ny fuyr ny souffrir.

Quand j'apperçoy la rose sur l'espine,
Je pense voir de ses lévres le teint ;
La rose au soir de sa couleur decline,
L'autre couleur jamais ne se desteint.

Quand j'apperçoy les fleurs en quelque prée
Ouvrir leur robe au lever du Soleil,
Je pense voir de sa face pourprée
S'espanouyr le beau lustre vermeil.

Si j'apperçoy quelque chesne sauvage,
Qui jusqu'au ciel eleve ses rameaux,
Je pense voir sa taille et son corsage,
Ses pieds, sa gréve* et ses coudes jumeaux.

Si j'entens bruire une fontaine claire,
Je pense ouïr sa voix dessus le bord,
Qui se plaignant de ma triste misere,
M'appelle à soy pour me donner confort.

Voilà comment, pour estre fantastique*,
En cent façons ses beautez j'apperçoy,
Et m'esjouïs d'estre melancholique,
Pour recevoir tant de formes en moy (...)

55

SONNET À CASSANDRE

Que toute chose en ce monde se muë,
Soit desormais Amour soulé de pleurs,
Des chesnes durs puissent naistre les fleurs,
Au choc des vents l'eau ne soit plus émuë ;
Le miel d'un roc contre nature suë,
Soyent du printemps semblables les couleurs,
L'esté soit froid, l'hyver plein de chaleurs,
Pleine de vents ne s'enfle plus la nuë ;
Tout soit changé, puis que le nœud si fort
Qui m'estraignoit, et que la seule mort
Devoit trancher, elle a voulu desfaire.
Pourquoy d'Amour mesprises-tu la loy ?
Pourquoy fais-tu ce qui ne se peut faire ?
Pourquoy romps-tu si faussement ta foy ?

CINQ SONNETS À HÉLÈNE

56

Yeux, qui versez en l'ame, ainsi que deux planettes,
Un esprit qui pourroit ressusciter les morts,
Je sçay dequoy sont faits tous les membres du corps,
Mais je ne puis sçavoir quelle chose vous estes.
Vous n'estes sang ny chair, et toutefois vous faites
Des miracles en moy, tant vos regards sont forts,

Si bien qu'en foudroyant les miens par le dehors,
Dedans vous me tuez de cent mille sagettes.

Yeux, la forge d'Amour, Amour n'a point de traits,
Que les poignans esclairs qui sortent de vos rais,
Dont le moindre à l'instant toute l'ame me sonde.

Je suis, quand je les sens, de merveille ravy.
Quand je ne les sens plus, à l'heure je ne vy,
Ayant en moy l'effet qu'a le Soleil au monde.

57

Quand à longs traits je boy l'amoureuse etincelle
Qui sort de tes beaux yeux, les miens sont esblouïs.
D'esprit ny de raison troublé je ne jouïs,
Et comme yvre d'amour tout le corps me chancelle.

Le cœur me bat au sein, ma chaleur naturelle
Se refroidit de peur, mes sens esvanouïs
Se perdent tout en l'air, tant tu te resjouïs
D'acquerir par ma mort le surnom de cruelle.

Tes regards foudroyans me percent de leurs rais
La peau, le corps, le cœur, comme pointes de trais
Que je sens dedans l'ame, et quand je me veux plaindre,

Ou demander mercy du mal que je reçois,
Si bien ta cruauté me reserre la vois,
Que je n'ose parler, tant tes yeux me font craindre.

58

Je sens une douceur à conter impossible,
Dont ravy je jouïs par le bien du penser,

Qu'homme ne peut escrire ou langue prononcer,
Quand je baise ta main en amour invincible.
    Contemplant tes beaux yeux, ma pauvre ame passible
En se pasmant se perd ; lors je sens amasser
Un sang froid sur mon cœur, qui garde de passer
Mes esprits, et je reste une image insensible.
    Voila que peut ta main et ton œil, où les trais
D'Amour sont si ferrez*, si chauds et si espais
Au regard Medusin qui en rocher me mue.
    Mais bien que mon malheur procede de les voir,
Je voudrois et mille yeux et mille mains avoir,
Pour voir et pour toucher leur beauté qui me tue.

59

    Vous triomphez de moy, et pource je vous donne
Ce lierre qui coule et se glisse à l'entour
Des arbres et des murs, lesquels tour dessus tour,
Plis dessus plis il serre, embrasse et environne.
    A vous de ce lierre appartient la Couronne.
Je voudrois, comme il fait, et de nuict et de jour,
Me plier contre vous, et languissant d'amour,
D'un nœud ferme enlacer vostre belle colonne.
    Ne viendra point le temps que dessous les rameaux,
Au matin où l'Aurore esveille toutes choses,
En un Ciel bien tranquille, au caquet des oiseaux,
    Je vous puisse baiser à lèvres demy-closes,
Et vous conter mon mal, et de mes bras jumeaux
Embrasser à souhait vostre yvoire et vos roses ?

60

Le mois d'aoust boüillonnoit d'une chaleur esprise,
Quand j'allay voir ma Dame assise aupres du feu ;
Son habit estoit gris, duquel je me despleu,
La voyant toute palle en une robbe grise.
   Que plaignez-vous, disoy-je, en une chaire assise ?
   — Je tremble et la chaleur reschaufer ne m'a peu ;
Tout le corps me fait mal, et vivre je n'ay peu
Saine depuis six ans, tant l'ennuy me tient prise.
   — Si l'Esté, la jeunesse, et le chaud n'ont pouvoir
D'eschaufer vostre sang, comment pourroy-je voir
Sortir un feu d'une ame en glace convertie ?
   Mais, Corps, ayant souci de me voir en esmoy,
Serois-tu point malade en langueur comme moy,
Tirant à toy mon mal par une sympathie ?

TROIS SONNETS À SINOPE

61

Vos yeux estoient moiteux d'une humeur enflammee,
Qui m'ont gasté les miens d'une semblable humeur,
Et pource que vos yeux aux miens ont fait douleur,
Je vous ay d'un nom Grec Sinope surnommee.
   Mais ce'st humeur mauvaise au cœur est devallee,
Et là comme maistresse a pris force et vigueur,
Gastant mon pauvre sang d'une blesme langueur,
Qui ja par tout le corps lente s'est escoulee.

Mon cœur environné de ce mortel danger,
En voulant resister au malheur estranger,
A mon sang converty en larmes et en pluye,
    Afin que par les yeux, autheurs de mon souci,
Mon malheur fust noyé, ou que par eux aussi,
Fuyant devant le feu, j'espuisasse ma vie.

62

Quand ravy je me pais de vostre belle face,
Je voy dedans vos yeux je ne sçay quoy de blanc,
Je ne sçay quoy de noir, qui m'esmeut tout le sang,
Et qui jusques au cœur de veine en veine passe.
    Je voy dedans Amour qui va changeant de place,
Ores* bas, ores haut, tousjours me regardant,
Et son arc contre moy coup sur coup desbandant.
Si je faux, ma raison, que veux-tu que je face ?
    Tant s'en faut que je sois alors maistre de moy,
Que je ni'rois les Dieux, et trahirois mon Roy,
Je vendrois mon pays, je meurtrirois mon pere,
    Telle rage me tient apres que j'ay tasté
A longs traits amoureux de la poison amere
Qui sort de ces beaux yeux dont je suis enchanté !

63

D'un sang froid, noir et lent, je sens glacer mon cœur
Quand quelcun parle à vous, ou quand quelcun vous
                                        [touche ;
Une ire autour du cœur me dresse l'escarmouche,
Jaloux contre celuy qui reçoit tant d'honneur.

Je suis, je n'en mens point, jaloux de vostre sœur,
De mon ombre, de moy, de mes yeux, de ma bouche ;
Ainsi ce petit Dieu, qui la raison me bousche,
Me tient tousjours en doute, en soupson, et en peur.

Je ne puis aimer ceux à qui vous faites chere*,
Fussent ils mes cousins, mes oncles et mon frere ;
Je maudis leurs faveurs, j'abhorre leur bon-heur.

Les amans et les Roys de compagnons ne veulent :
S'ils en ont de **fortune,** en armes ils s'en deulent.
Avoir un compagnon, c'est avoir un Seigneur.

DEUX ODES MAGIQUES

64

ODE CONTRE
DENISE SORCIÈRE

L'inimitié que je te porte
Passe celle, tant elle est forte,
     Des aigneaux et des loups,
Vieille sorciere deshontée,
Que les bourreaux ont fouettée
     Te deschirant de coups.

Tirant apres toy une presse
D'hommes et de femmes espesse,
     Tu monstrois nud le flanc,
Et monstrois nud parmi la rue

L'estomac et l'espaule nue,
    Rougissante de sang.

Mais la peine fut bien petite,
Si l'on balance ton merite :
    Le Ciel ne devoit pas
Pardonner à si lasche teste,
Ains il devoit de sa tempeste
    L'acravanter à bas.

La Terre mere encor pleurante
Des Geans la mort violante
    Bruslez du feu des Cieux,
Te laschant de son ventre à peine,
T'engendra, vieille, pour la haine
    Qu'elle portoit aux Dieux.

Tu sçais que vaut mixtionnée
La drogue qui nous est donnée
    Des païs chaleureux,
Et en quel mois, en quelles heures,
Les fleurs des femmes sont meilleures
    Au breuvage amoureux.

Nulle herbe, soit elle aux montagnes,
Ou soit venimeuse aux campagnes,
    Tes yeux sorciers ne fuit,
Que tu as mille fois coupée
D'une serpe d'airain courbée,
    Beant contre la nuit.

Le soir, quand la Lune fouëtte
Ses cheveux par la nuict muette,
    Pleine de rage, alors,
Voilant ton execrable teste
De la peau d'une estrange beste,
    Tu t'eslance dehors.

Au seul souspir de ton halaine,
Les chiens effroyez, par la plaine,
   Aguisent leurs abois ;
Les fleuves contremont reculent,
Les loups suivant ta trace hurlent
   Ton ombre par les bois.

Hostesse des lieux solitaires,
Et par l'horreur des cimetaires
   Où tu hantes le plus,
Au son des vers que tu murmures,
Les corps des morts tu des-emmures
   De leurs tombeaux reclus.

Vestant de l'un l'image vaine,
Tu fais trembler et cœur et veine,
   Rebarbotant un sort,
A la veufve qui se tourmente,
Ou à la mere qui lamente
   Son seul héritier mort.

Tu fais que la Lune enchantée*
Marche par l'air toute argentée,
   Luy dardant d'icy bas
Telle couleur aux jouës palles,
Que le son de mille cymbales
   Ne divertiroit pas.

Tu es la frayeur du village :
Chacun craignant ton sorcelage
   Te ferme sa maison,
Tremblant de peur que tu ne taches
Ses bœufs, ses moutons et ses vaches
   Du jus de ta poison.

J'ay veu souvent ton œil senestre,
Trois fois regardant de loing paistre
　　La guide du troupeau,
L'ensorceler de telle sorte,
Que tost après je la vy morte,
　　Et les vers sur la peau.

Comme toy Medee execrable
Fut bien quelquefois profitable :
　　Ses venins ont servy,
Reverdissant d'Eson* l'escorce ;
Au contraire, tu m'as par force
　　Mon beau printemps ravy.

Dieux ! si là-haut pitié demeure !
Pour recompense qu'elle meure,
　　Et ses oz diffamez,
Privez d'honneur de sepulture,
Soient des corbeaux goulus pasture,
　　Et des chiens affamez !

65

ÉPIPALINODIE

O terre, ô mer, ô ciel espars,
Je suis en feu de toutes pars ;
Dedans et dehors mes entrailles
Une ardente chaleur me poind
Plus fort qu'un mareschal ne joint
Le fer tout rouge en ses tenailles.

La chemise qui escorcha
Hercul' si tost qu'il la toucha,
N'egale point la flame mienne,
Ny de Vesuve tout le chaud,
Ny tout le feu que rote en hault
La fournaise Sicilienne.

Le jour, les soucis presidans
Condamnent ma coulpe au dedans,
Et la genne* apres on me donne ;
La peur sans intermission,
Sergent' de leur commission,
Me poind, me pique et m'eguillonne.

La nuict les fantômes volans
Claquetans de becs gromelans
En siflant mon ame espouvantent,
Et les Furies qui ont soing
Venger le mal, tiennent au poing
Les couleuvres qui me tourmentent.

Il me semble que je te voy
Murmurer des charmes* sur moy,
Tant que d'effroy le poil me dresse ;
Puis mon chef tu vas relavant
D'une eau puisée bien avant
Dedans les ondes de tristesse.

Que veux-tu plus ? dy, que veux-tu ?
Ne m'as-tu pas assez batu ?
Veux-tu qu'en cest âge je meure ?
Me veux-tu brusler, foudroyer,
Et tellement me poudroyer
Qu'un seul osset ne me demeure ?

Je suis appresté, si tu veux,
De te sacrifier cent bœufs
A fin de desenfler ton ire ;
Ou si tu veux, avec les Dieux
Je t'envoyray là haut aux cieux
Par le son menteur de ma lyre.

Les freres d'Helene faschez
Pour les Iambes delaschez
Contre leur sœur par Stesichore*,
A la fin luy ont pardonné,
Et pleins de pitié redonné
L'usage de la veuë encore.

Tu peux, helas ! Denise, aussi
Rompre la teste à mon souci,
Te flechissant par ma priere :
Rechante* tes vers, et les traits
De ma face en cire portraits
Jette au vent trois fois par derriere.

L'ardeur du courroux que l'on sent
Au premier âge adolescent,
Me fist trop nicement t'escrire.
Maintenant humble et repentant,
D'œil non feint je vay lamentant
La juste fureur de ton ire.

IV. L'été des conquêtes

66

L'HYMNE DE POLLUX
ET DE CASTOR

À GASPARD DE COLIGNY

(...) Sus doncq ! chantons deux fois, voire trois, voire
[quatre,
Ces deux masles garçons : Pollux bon à combatre
Aux cestes* emplombez, et Castor souverain
A picquer un cheval et le ranger au frain,
Qui sauvent les soldats au milieu des armées,
Quand les batailles sont brusquement animées,
Et quand les Chevaliers pesle-mesle aux combats
Sous leurs chevaux tuez sont trebuchez à bas,
Et qui sauvent encor les navires forcées
Des homicides flots, quand elles sont poussées,
Ou des Astres couchans, ou des Astres levans,
Comme pour le jouët de Fortune et des vents,
Lesquels roulent la vague aussi haut que la croupe
D'un grand escueil marin, maintenant sur la poupe,
Maintenant sur la prouë, aux flancs, ou sur le bord,
Ou de quelque costé qu'il plaist à leur effort.
Le mast se fend en deux, et l'antenne cassée

Tombe avecque la hune à morceaux despessée ;
Le gouvernal se froisse, et le tillac, dessus
Et dessous, est remply de larges flots bossus.

    Le tonnerre ensouffré s'esclate de la nuë,
Un esclair, qui scintille à longue poincte aiguë,
Fait un jour incertain du milieu de la nuit,
Les cordes de la nef mugissent d'un grand bruit,
La mer tressaut de peur, que les vents pesle-mesle
Martellent, pleins d'esclairs, de pluyes et de gresle.

    Toutesfois, vous sauvez les pauvres matelots,
Et retirez la nef de la proye des flots,
Vous endormez les vents, et flattez la marine
D'une tranquillité gracieuse et benine,
Les nues çà et là se perdent dans les Cieux,
Et la Creche et les Ours apparoissent aux yeux
Des mariniers tremblans, qui donnent tesmoignage
Que la mer se fait propre et douce au navigage.

    O tous deux le secours, ô tous deux le support
De ceux qui sur les flots n'attendent que la mort,
Chantres, victorieux, Chevaliers, et Poetes,
Tous deux egalement mes chers amis vous estes (...)

67

INVITATION À LA CONQUÊTE

ODE AU DUC
CHARLES D'ORLÉANS

(...) Ton premier aisné François
    Sous ses lois
Regira l'Europe sienne ;
D'Afriq' sera couronné

Ton puisné,
Toy de la terre Asienne.

Car quand l'âge homme parfait
T'aura fait,
Comme Jason fist en Grece,
Tu tri'ras les plus vaillans
Bataillans
De la Françoise jeunesse :

Puis mettant la voile au vent,
Ensuivant
De Brenne* l'antique trace,
Tu iras, couvrant les eaux
De vaisseaux,
En l'Asie prendre place.

Là dés le premier abort
Sur le port
A cent Rois tu feras teste,
Et captifs dessous tes bras,
Tu prendras
Leurs terres pour ta conqueste.

Ceux qui sont sous le resveil
Du Soleil,
Ceux qui habitent Niphate*,
Ceux qui vont d'un bœuf suant
Remuant
Les gras rivages d'Euphrate,

Ceux qui boivent dans le sein
Du Jourdain
De l'eau tant de fois courbee,
Et tout ce peuple odorant
Demeurant
Aux sablons* de la Sabee* ;

Ceux qui ont en bataillant
L'arc vaillant,
Quand ils sont tournez derriere,
Et ceux qui toutes saisons
Leurs maisons
Roulent sur une civiere ;

Ceux qui d'un acier mordant
Vont tondant
De Gange les doux rivages,
Et ceux qui hantent aupres
Les forests
Des vieux Arcades* sauvages ;

Ceux qui vont en labourant
Déterrant
Tant d'oz és champs de Sigée*,
Et ceux qui plantez se sont
Sur le front
D'Hellesponte et de l'Egee,

De ces peuples, bien que forts,
Tes efforts
Rendront la force perie,
Et veincus t'obeyront,
Et seront
Vassaux de ta Seigneurie.

A ce grand Prince Thebain*,
Dont la main
Print les Indes admirables,
Egal Roy tu te feras,
Tu auras
Sans plus les mœurs dissemblables.

Car si tost qu'il les defit,
                Il leur fit
Sentir sa vineuse rage,
Et de ses cris orgieux
                Furieux,
Leur tempesta le courage.

De peaux il les entourna,
                Il orna
De pampre leur folle teste,
Et trepignant au milieu,
                Ce fol Dieu
Forcenoit apres sa feste.

Mais toy, Prince mieux instruit,
                En qui luit
Des vertus l'antique reste,
Chrestien, leur feras sçavoir
                Le devoir
D'une autre loy plus celeste (...)

68

LA HARANGUE
DE FRANÇOIS DE GUISE
AUX SOLDATS DE METZ

DÉDIÉE À CHARLES,
CARDINAL DE LORRAINE,

son frère

Quand Charles Empereur, qui se donne en songeant
Tout l'Empire du monde, et qui se va rongeant

D'une gloire affamée, et d'un soin d'entreprendre
De vouloir, à son dam, contre nostre Roy prendre
Les nouveaux murs François d'une foible cité,
Où le Destin avoit son OUTRE limité ;
De gens et de chevaux effroya la campaigne,
Troupe à troupe espuisant les peuples d'Alemaigne
Et toute la Hongrie, et l'escadron ardent
Des peuples bazanez, my-Mores d'Occident ;
Et quand tout forcené contre l'honneur de France
Les guidoit, furieux, en plus grande abondance
Que les vents empennez de rouëz tourbillons
Poussez du foudre aigu ne courbent de sillons,
Les uns bossus devant, et les autres derriere,
Au gyron de Tethys la vieille mariniere ;
    Et quand, environné de tant de gouffanons,
Fist braquer tout d'un rang cent pieces de canons
Sur le bord du fossé, qui de gorges béantes
Vomissoient à la fois cent balotes tonnantes
Contre Mets esbranlé, et d'un choquer plus dur
Qu'un esclat foudroyant esbrecherent son mur
D'autant d'espace ouvert, que l'on voit d'ouverture
Dans les champs porte-blez, quand la faucille dure
A rongé les tuyaux, et que le moissonneur
Ne laisse un seul espy pour la main du glaneur ;
    Et quand jà les tortis de serpentes tranchées
Furent gros de soldats, et de piques couchées
Du long contre leur flanc prest à donner l'assaut ;
Lors ton frere de Guise, eslancé d'un plein saut
Sur le rempart cognu, plein d'effroyable audace,
Desfiant leurs canons s'arma devant leur face (...)
    Apres qu'il eut de fer tout son corps revestu,
Branlant la pique au poing, aguisa la vertu
De ses nobles soldats, et d'un cœur magnanime
Par ces vers Tyrteans au combat les anime :
« Sus, courage, soldats ! sus, sus ! monstrez vous or'*
De la race d'Hercule, et de celle d'Hector (...)

Pource, amis, prenez cœur, imitez vos ayeux ;
Encore Dieu nous aime, encore Dieu ses yeux
N'a destourné de nous ny de nostre entreprise,
Ainçois* plus que devant la Gaule favorise ;
La Gaule il favorise, et favorisera
Tant que nostre bon Roy son gouverneur sera.
Donque ne craignez point tel peuple de gendarmes ;
Mais chacun, se fiant plus en Dieu qu'en ses armes,
Droit oppose sa pique au devant du guerrier
Qui viendra sur la breche au combat le premier (...)
Monstrant à l'Espaignol quelles mains a la France,
Et que Fortune femme aime mieux par raison
Un jeune Roy vaillant, qu'un Empereur grison.
Or si quelqu'un de vous m'apperçoit le visage
Tant soit palle de peur ou faillir de courage,
Je ne veux qu'en flatant il me vienne excuser,
Ains* je luy veux donner congé de m'accuser ;
Ce que n'avienne, ô Dieu ! que l'un de vous me face,
Car je ne veux icy, non, non ! tenir la place
D'un Prince seulement, mais d'un simple soldart
Couché tout le premier sur le front du rempart. »
    Ainsi parla ton frere, inspirant au courage
Des siens une prouësse, une horreur, une rage
De combatre obstinez ; son panache pendant
Terriblement courbé, par ondes descendant
Sur le dos escaillé, du haut de la terrace
Effroyoit l'Espaignol d'une horrible menace.
Comme un brandon de feu le rond de son bouclair*
Escartoit parmy l'air un monstrueux esclair,
Non autrement qu'on voit une rouge Comete
Enflamer tout le ciel d'une crineuse trette,
Ou tout ainsi qu'on voit flamber le Sirien*
Au plus chaud jour d'esté, quand la gueule du Chien,
Allumant tout le Ciel d'une flameche forte,
Aux hommes et la soif et les fiévres apporte.
    Voy donc, Prelat, que vaut un vaillant conducteur :

L'Empereur frissonna d'une si froide peur
Voyant ton frere armé, que sur l'heure, sur l'heure,
Du tout desesperé de fortune meilleure,
Tourna le dos, honteux : tant pour nostre salut
Le magnanime cœur de ton frere valut !
Sur les bornes de Gaule affrontant sa jeunesse
Aux desseins plus ruzez de la grise vieillesse
D'un si caut Empereur. Iô ! Prince Lorrain,
Encore quelques fois de ma trompe d'airain
Je sonneray tes faits d'une longue Iliade ;
Car ceux-là de Pericle et ceux d'Alcibiade
N'egalent tes honneurs, ny le brave renom
De celuy qui d'Afrique emporta le surnom,
Ny ton ayeul qui vit au Jourdain ses armées
Veinqueurs se couronner de palmes Idumées*.

69

PANÉGYRIQUE
DE LA RENOMMÉE

À HENRI III

Tout le cœur me debat d'une frayeur nouvelle :
J'entens dessus Parnasse Apollon qui m'appelle,
J'oy sa lyre et son arc sonner à son costé.
Quelque part que mon pied vagabond soit porté,
Ses Lauriers me font place, et sens ma fantasie
Errante entre les Dieux, se souler d'ambrosie (...)
    J'ay les yeux esblouys, tout le cerveau me tremble,
J'ay l'estomac panthois : j'avise ce me semble
Sur le haut des citez une femme debout,

162

Qui voit tout, qui oyt tout, et qui declare tout.
Elle a cent yeux au front, cent oreilles en teste ;
Dans les voutes du Ciel son visage elle arreste,
Et de ses pieds en terre elle presse les monts,
Une trompette enflant de ses larges poumons.

  Je voy le peuple à foulle acourir aupres d'elle.
Le peuple volontiers se paist d'une nouvelle.
Elle va commencer, il m'en faut approcher ;
Le temps ne se doit perdre, il n'y a rien si cher.

  « Peuples qui m'escoutez, penduz à ma parole,
N'estimez mes propos d'une femme qui vole,
Mais que chacun y donne aussi ferme credit
Que si les chesnes vieux d'Epire l'avoient dit.

  La Déesse ennemie aux testes trop superbes,
Qui les grandeurs egale à la basseur des herbes,
Qui dedaigne la pompe et le fard des humains,
A chastié l'orgueil des François par leurs mains.

  Eux, arrogans de voir leurs voiles trop enflées,
Du vent de la Fortune heureusement soufflées,
D'abonder insolens en succez de bon-heur,
D'obscurcir leurs voisins d'Empires et d'honneur,
Geans contre le Ciel, d'une audace trop grande,
Ne recognoissoient Dieu, qui aux sceptres commande,
Ains, contre sa grandeur obstinant le sourcy,
Avoient contre sa main le courage endurcy,

  Quand la bonne Adrastie*, en vengeant telle injure,
Citez contre citez de factions conjure,
Fit le soc et le coutre en armes transformer,
De leurs vaisseaux rompuz pava toute la mer,
Les plaines de leurs os, renversa leurs murailles,
Et mit leur propre glaive en leurs propres entrailles ;
Si que leur sang vingt ans aux meurtres a fourny,
Et David ne vit onq son peuple si puny.

  Maintenant la Déesse, incline à leur priere,
Douce ne jette plus leurs plaintes en arriere,
Ains, pour guarir leurs maux, leur fait present d'un Roy

Qu'en lieu de Jupiter le Ciel voudroit pour soy,
Qui par mille vertus en son ame logées,
Des Rois ses devanciers les fautes a purgées,
Ainsi qu'une victime expiant le forfaict
Que le peuple a commis, et qu'elle n'a pas faict (...)
   Quand la Parque ennemie aux Vallois nous ravit
Charles, Astre du Ciel, par toute France on vit
Les Muses se cacher ; Phœbus n'osoit rien dire,
Ny le Dieu voyageur, inventeur de la Lyre ;
Les Lauriers estoient secs, sec le bord Pimplean*,
Le silence effroyoit tout l'antre Cyrrhean* ;
De limon et de sable et de bourbe estoupée,
Claire ne couroit plus la source Aganippée*.
Les Muses maintenant, honorant son retour,
Couvertes de bouquets, osent revoir le jour ;
Phœbus n'a plus la main ny la voix refroidie,
Et des Lauriers fanis la teste est reverdie (...) »

70

PRIÈRE À DIEU
POUR LA VICTOIRE

   DONNE, Seigneur, que nostre ennemy vienne
Mesurer mort les rives de la Vienne,
Et, que sanglant, de mille coups persé,
Dessus la poudre il tombe renversé
Aupres des siens au milieu de la guerre,
Et de ses dents mordillonne la terre,
Plat estendu comme un pin esbranché,
Qu'un charpentier de travers a couché (...)
   DONNE, Seigneur, que l'avare Germain,
Ces reistres fiers puissent sentir la main

Du jeune Duc, si qu'une mort cruelle
Face qu'un seul n'en conte la nouvelle
En ce pays que le Rhin va lavant,
Et que leur nom se perde en nostre vent,
Et qu'à jamais leur morte renommée
S'esvanouïsse ainsi qu'une fumée,
Et que leurs corps accablez de cent coups
Soyent le disner des corbeaux et des loups (...)
    Donne, Seigneur, que la chance incertaine
Ne tombe point sur nos champs de Touraine,
Que nos raisins, nos bleds et nos vergers
Aux laboureurs ne soyent point mensongers,
Trompant les mains de la jeunesse blonde
Que le Danube abbruve de son onde,
Et les nourrist superbes et felons
Comme les fils des oursaux Aquilons,
Qui vont soufflant à leurs fieres venuës
Loin devant eux les legions des nuës,
Comme ceux-cy soufflent en nostre sein
Un camp armé de pestes et de fein.
    Donne, Seigneur, que l'infidelle armée
Soit par soy-mesme en son sang consumée ;
Qu'elle se puisse elle mesme tuer,
Ou bien du Ciel qu'il te plaise ruer
Ton feu sur elle, et que toute elle meure,
Si que d'un seul la trace ne demeure,
Comme il advint dedans le champ de Mars,
Quand la moisson Colchide de soudars
Nasquit de terre en armes herissée,
Que mesme jour vit naistre et trespassée (...)
    Vivent, Seigneur, nos terres fortunees,
A qui tu as tes Fleurs-de-liz données ;
Vive ce Roy, et vivent ses guerriers,
Qui de Poictiers remportent les lauriers,
Lauriers gaignez, non selon la coustume
Des courtisans, par l'ocieuse* plume,

Le lict, l'amour, mais bien par la vertu,
Soin et travail, par un rampart battu
Et rebattu de ces foudres humaines,
Par veille et faim, par soucis et par peines ;
Et qui nous ont par leur sang acheté
D'un cœur hardy la douce liberté.

BORNE le cours, l'entreprise et l'audace
Des ennemis qu'une si foible place
A fait froisser, briser et trebucher.
Comme une nef se rompt contr' un rocher,
Qui retournoit de Carpathe ou d'Ægée,
Joyeuse au port de lingots d'or chargée,
Mais en voulant dedans le havre entrer,
Par un destin elle vient rencontrer
Un grand rocher qui la froisse au rivage,
Perdant son bien, que la mer, que l'orage
N'avoit sceu rompre : ainsi cest Admiral,
Ayant passé maint peril et maint mal,
Perte de gens et perte de muraille,
Une premiere et seconde bataille,
S'est venu rompre en cent mille quartiers
Contre les murs debiles de Poictiers.
Là ses cheveux qui par l'âge grisonnent,
Donnerent place aux Princes, qui cottonnent
D'un jeune poil leurs mentons, et qui ont
Dés le berceau les lauriers sur le front.

CŒURS genereux, hostes d'une belle ame,
On dit bien vray, Fortune est une femme,
Qui aime mieux les jeunes que les vieux.
Les jeunes sont tousjours victorieux,
Tousjours le chaut surmonte la froidure,
Du gay Printemps plaisante est la verdure,
Et le Soleil en naissant est plus beau
Que le couchant qui se panche au tombeau.
Donne, Seigneur, que ceste barbe tendre
Puisse à la grise une vergongne apprendre,

Et qu'au seul bruit de ce grand Duc d'Anjou
Les ennemis ployent dessous le jou,
Imitateur de l'esprit de son frere,
Imitateur des vertus de son pere,
Imitateur de ces Ducs Angevins,
Princes guerriers, qui hautains et divins,
N'estimans point les petites conquestes,
Jusques au Ciel ont eslevé les testes,
Et mesprisans la mer et les dangers,
Terres, travaux et peuples estrangers,
Conquirent seuls, d'une force asseurée,
Tyr et Sidon, Nicée et Cesarée,
Et la cité où Jesus autrefois
Pour nos pechez ensanglanta sa Croix.
      Donne, Seigneur, que mon souhait avienne,
Que l'ennemy aux rives de la Vienne
Tombe sanglant, de mille coups persé,
Dessus la poudre en son long renversé
Aupres des siens, au milieu de la guerre,
Et de ses dents morde la dure terre,
Comme insensé de voir tous ses desseins
Vent et fumée eschaper de ses mains.

71

ODE À SA MUSE

Grossi-toi, ma Muse Françoise,
Et enfante un vers resonant,
Qui bruie d'une telle noise
Qu'un fleuve débordé tonant,

Alors qu'il sacaige et emmeine,
Pillant de son flot, sans merci,
Le tresor de la riche pleine,
Le bœuf et le bouvier aussi.

Et fai voir aus yeux de la France
Un vers qui soit industrieus,
Foudroiant la vieille ignorance
De nos peres peu curieus.

Ne sui ni le sens, ni la rime,
Ni l'art, du moderne ignorant,
Bien que le vulgaire l'estime,
Et en béant l'aille adorant.

Sus donque ! l'envie surmonte,
Coupe la teste à ce serpent :
Par tel chemin au Ciel on monte,
Et le nom au monde s'épend.

TROISIÈME PARTIE

AUTOMNE

I. L'automne des saisons

72

ÉPÎTRE D'AUTOMNE

À AMBROISE DE LA PORTE

En ce-pendant que le pesteux Autonne
Tes citoyens l'un sur l'autre moissonne,
Et que Caron a les bras tout lassez
D'avoir desja tant de Manes passez,
Icy, fuyant ta ville perilleuse,
Je suis venu pres de Marne l'isleuse,
Non guere loin d'où le cours de ses eaux
D'un bras fourchu baigne les pieds de Meaux :
Meaux dont Bacchus soigneux a pris la garde,
Et d'un bon œil ses collines regarde,
Riches de vin, qui n'est point surmonté
Du vin d'Aï en friande bonté.
Non seulement Bacchus les favorise,
Mais sa compagne, et le pasteur d'Amphryse*,
L'une y faisant les espics blondoyer,
L'autre à foison les herbes verdoyer.
Dés le matin que l'Aube safranee
A du beau jour la clarté r'amenée,
Et dés midy jusqu'aux rayons couchans,

Tout esgaré je m'enfuy par les champs
A humer l'air, à voir les belles prees,
A contempler les collines pamprees,
A voir de loin la charge des pommiers
Presque rompus de leurs fruicts autonniers,
A repousser sur l'herbe verdelette
A tour de bras l'esteuf* d'une palette*,
A voir couler sur Marne les bateaux,
A me cacher dans le jonc des isleaux.
Ore* je suy quelque liévre à la trace,
Or' la perdris je couvre à la tirace*,
Or' d'une ligne apastant l'hameçon
Loin haut de l'eau j'enleve le poisson ;
Or' dans les trous d'une isle tortueuse
Je vay cherchant l'escrevice cancreuse,
Or' je me baigne, ou couché sur les bors
Sans y penser à l'envers je m'endors.
Puis resveillé ma guiterre je touche,
Et m'adossant contre une vieille souche,
Je dy les vers que Tityre chantoit
Quand pres d'Auguste encores il n'estoit,
Et qu'il pleuroit au Mantouan rivage,
Desja barbu, son desert heritage.
   Ainsi jadis Alexandre le blond,
Le beau Pâris, appuyé sur un tronc,
Harpoit, alors qu'il vit parmy les nues
Venir à luy les trois Deesses nues.
Devant les trois, Mercure le premier
Partissoit l'air de son pied talonnier,
Ayant és mains la Pomme d'or saisie,
Le commun mal d'Europe et de l'Asie.
Mais d'autant plus que Poëte j'aime mieux
Le bon Bacchus que tous les autres Dieux,
Sur tous plaisirs la vendange m'agrée,
A voir tomber ceste manne pourpree
Qu'à pieds deschaux un gâcheur fait couler

Dedans la cuve à force de fouler.
    Sur les couteaux marche d'ordre une troupe,
L'un les raisins d'une serpette coupe,
L'autre les porte en sa hote au pressoüer,
L'un tout autour du pivot fait roüer
La viz qui geint, l'autre le marc asserre
En un monceau, et d'aiz pressez le serre,
L'un met à l'anche un panier attaché,
L'autre reçoit le pepin escaché*,
L'un tient le muy, l'autre le vin entonne,
Un bruit se fait, le pressoüer en resonne.
    Vela, La Porte, en quel plaisir je suis
Or' que ta ville espouvanté je fuis,
Or' que l'Autonne espanche son usure,
Et que la Livre à juste poids mesure
La nuict egale avec les jours egaux,
Et que les jours ne sont ne froids ne chaux (...)

73

CHANT DE FOLIE À BACCHUS

        Delaisse les peuples vaincus
        Qui sont sous le lit de l'Aurore,
        Et la ville qui, ô Bacchus,
        Ceremonieuse t'adore.

        De tes tigres tourne la bride
        En France, où tu es invocqué,
        Et par l'air ton chariot guide
        Dessus en pompe collocqué.

Que cette feste ne se face
Sans t'y trouver, Pere joieus,
C'est de ton nom la dedicasse,
Et le jour où l'on rit le mieus.

Voi-le ci, je le sen venir,
Et mon cueur étonné ne peut
Sa grand divinité tenir,
Tant elle l'agite et l'émeut.

Quels sont ces rochiers où je vois,
Leger d'esprit, quel est ce fleuve,
Quels sont ces antres, et ces bois
Où seul egaré je me treuve ?

J'enten le bruire des cimbales
Et les champs sonner *evoué*.
J'oi la rage des Bacchanales
Et le son du cor enroué.

Ici le chancellant Silene,
Sus un tardif asne monté,
Les inconstans Satyres mene
Qui le soustiennent d'un costé.

Qu'on boute du vin en la tasse,
Soumelier, qu'on en verse tant
Qu'il se répande dans la place ;
Qu'on mange, qu'on boive d'autant.

Amoureus, menez vos aimées,
Ballez et dansez sans sejour,
Que les torches soient allumées
Jusques à la pointe du jour.

Sus, sus ! mignons, aus confitures,
Le codignac* vous semble bon,
Vous n'avés les dens assés dures
Pour faire peur à ce jambon.

Amis, à force de bien boire
Repoussez de vous le souci,
Que jamais plus n'en soit memoire ;
Là donques, faites tous ainsi.

Hélas ! que c'est un dous tourment
Suivre ce Dieu qui environne
Son chef de vigne et de serment,
En lieu de roialle couronne.

74

HYMNE DE BACCHUS

À JEAN DE BRINON

Que sçaurois-je mieux faire en ce temps de vendanges,
Apres avoir chanté d'un verre les louanges,
Sinon chanter Bacchus et ses festes, à fin
De celebrer le Dieu des verres et du vin ?
Qui changea le premier (ô change heureux !) l'usage
De l'onde Acheloée* en un meilleur bruvage ?
Mais quoy ? je suis confus ; car je ne sçay comment,
Ne moins de quel pays je dois premierement
Chanter d'où est ce Dieu : sa race est en querelle.
Thebes dit qu'il teta le laict de sa mammelle,
Et Nyse* dit qu'il est de son ventre sorty (...)
Bref, en cent mille lieux mille noms tu reçois,

Mais je te nomme à droit : Bacchus le Vandomois.
Car, lors que tu courois, vagabond, par le monde,
Tu vins camper ton ost au bord gauche de l'onde
De mon Loir, qui, pour lors, de ses coutaux voisins,
Ne voyoit remirer en ses eaux les raisins.
Mais, Pere, tout soudain que la terre nouvelle
Sentit tes pieds divins, qui marchoyent dessus elle,
Miracle ! tout soudain, fertile, elle produit
La vigne herissée en fueilles et en fruit,
Où ta main fist prougner une haute coutiere,
Qui de ton nom Denys* eut nom la Denysiere.
    Pere, où me traines-tu ? que veux-tu plus de moy ?
Et quoy ? n'ay-je pas, Pere, assez chanté de toy ?
Evoé ! je forcene, ah ! je sens ma poitrine
Chaude des gros bouillons de ta fureur divine.
Ah ! Bassar*, je te voy, et tes yeux rougissans,
Et flottant sur ton col tes cheveux blondissans.
J'ay perdu, Cuisse-né, mon vagabond courage,
Qui suit ton saint Orgie, emporté de ta rage ;
Je sens mon cœur trembler, tant il est agité
Des poignans aiguillons de ta divinité ;
    Donne moy d'une part ces cors et ces clochettes,
Ces tabours d'autre part, de l'autre ces sonnettes,
Qu'un beguin serpentin me serre les cheveux,
Herissez de lierre et de vigne aux longs nœux,
Et que l'esprit d'Æole en soufflant les tourmante
Comme la fueille esparse és chesnes d'Erymanthe*.
Il me semble en esprit que, de pied mal-certains,
Sans mesure et sans art, matassinant* des mains,
Dansent autour de moy les folles Edonides*,
Par les deserts neigeux des rivages Hebrides
Hurlant en voix aiguë, et par force joignant
Leurs chefs escervelez sous le thyrse poignant.
    Et moy, vague d'esprit, soufflant à grosse haleine,
Conduit de trop de vin, je cours parmi la plaine
A jambe chancelante, allant, Chantre, devant

Ton Orgie sacré, qui mes pas va suivant,
Orgie, ton mystere aux peuples admirable,
Caché secret, au fond d'un panier venerable,
Que porte une Menade, et sur lequel en vain
Un homme lay mettroit, pour le prendre, la main,
Avant qu'il fust lavé par sept ou neuf soirées
Es sources de Parnasse, aux neuf Muses sacrées.

Jà la terre fremist sous les pieds furieux,
Jà la nue poudreuse oste le jour aux yeux,
Tant les champs sont foulez des troupeaux des Evantes*,
Qui vont jusques au Ciel les poudres elevantes.
A leur fol arriver, les oiseaux parmi l'air,
D'un tel bruit estonnez, cessent de plus voler,
Se cachant par les bois, et les feres troublées
De peur se vont tapir au profond des vallées,
Et les fleuves peureux, du bruit esmerveillez,
Appellent sous les eaux leurs peuples escaillez.

La Jeunesse et l'Amour et les Graces te suivent,
Sans ta douce fureur les voluptez ne vivent.
Le jeu, la bonne chere et la danse te suit ;
Quelque part où tu sois, le desplaisir s'enfuit,
Le chagrin et l'ennuy, plus soudain que la nue
Ne fuit du vent Boré la contraire venue.

Que diray plus de toy ? d'un nœud impatient,
Tu vas hommes et Dieux sous ton thyrse liant.
Alme pere Denys, tu es beaucoup à craindre,
Qui contrains un chacun, et nul te peut contraindre (...)

Toy, grand toy, sainct toy, Dieu, tu flechis les rivieres,
Tu appaises les mers, quand plus elles sont fieres.
Tu fis rouler le vin de maint rocher crevé,
Et par toy le doux miel és chesnes fut trouvé.
La Musique te doit ; les peuples et les villes
Te doivent leurs rampars et leurs reigles civiles ;
La liberté te doit, qui aime mieux s'offrir
A la mort que se voir sous un Tyran souffrir ;
La verité te doit, et te doivent encore

Toutes religions, dont les Dieux on adore.
Tu rens l'homme vaillant, tu adjoins au conseil
De celuy qui te croit, un pouvoir nompareil.
Par toy les Devineurs, troublez en leurs poitrines,
Fremissent sous le joug de tes fureurs divines.
Tu fais germer la terre, et de vives couleurs
Tu bigarres les prez orgueillis de leurs fleurs.
Tu desdaignes l'Enfer, tu restaures le monde
De ta longue jeunesse et de ta tresse blonde :
Tousjours un sans estre un, qui te fais et desfais,
Qui meurs de jour en jour, et si ne meurs jamais.
   Par toy, Pere, chargez de ta douce Ambrosie,
Nous elevons au Ciel l'humaine fantaisie,
Portez dedans ton char, et d'hommes vicieux,
Purgez de ta liqueur osons monter aux Cieux,
Et du grand Jupiter nous assoir à la table.
   Je te salue, ô Roy, le Lychnite* admirable
Des hommes et des Dieux, je te salue encor
En faveur de Brinon, qui, d'une tasse d'or
Pleine de malvoisie, en sa maison t'appelle
Avec ton vieil Silene et ta mere Semele.

75

DÉDICACE À NICOLAS
DE NEUFVILLE

seigneur de Villeroy,
secrétaire d'État de Sa Majesté

Ja du prochain hyver je prevoy la tempeste,
Ja cinquante et six ans ont neigé sur ma teste,
Il est temps de laisser les vers et les amours,
Et de prendre congé du plus beau de mes jours.
J'ay vescu, Villeroy, si bien que nulle envie
En partant je ne porte aux plaisirs de la vie.
Je les ay tous goustez, et me les suis permis
Autant que la raison me les rendoit amis,
Sur l'eschaffaut mondain joüant mon personnage
D'un habit convenable au temps et à mon âge.
  J'ay veu lever le jour, j'ay veu coucher le soir,
J'ay veu greller, tonner, esclairer et pluvoir,
J'ay veu peuples et Rois, et depuis vingt annees
J'ay veu presque la France au bout de ses journees,
J'ay veu guerres, debats, tantost tréves et paix,
Tantost accords promis, redefais et refais,
Puis defais et refais. J'ay veu que sous la Lune
Tout n'estoit que hazard, et pendoit de Fortune.

Pour neant la prudence est guide des humains :
L'invincible Destin luy enchesne les mains,
La tenant prisonniere, et tout ce qu'on propose
Sagement la Fortune autrement en dispose.

Je m'en vais soul du monde ainsi qu'un convié
S'en va soul du banquet de quelque marié,
Ou du festin d'un Roy sans renfrogner la face,
Si un autre apres luy se met dedans sa place.

J'ay couru mon flambeau sans me donner esmoy,
Le baillant à quelcun s'il recourt apres moy :
Il ne fault s'en fascher, c'est la Loy de nature,
Où s'engage en naissant chacune creature.

Mais avant que partir je me veux transformer,
Et mon corps fantastiq'* de plumes enfermer,
Un œil sous chaque plume, et veux avoir en bouche
Cent langues en parlant ; puis d'où le jour se couche,
Et d'où l'Aurore naist Deesse aux belles mains,
Devenu Renommee, annoncer aux humains,
Que l'honneur de ce siecle aux Astres ne s'en-volle,
Pour avoir veu sous luy la navire Espaignolle
Descouvrir l'Amerique, et fait voir en ce temps
Des hommes dont les cœurs à la peine constans,
Ont veu l'autre Neptune inconneu de nos voiles,
Et son pole marqué de quatre grands estoiles.
Ont veu diverses gens, et par mille dangers
Sont retournez chargez de lingots estrangers.

Mais de t'avoir veu naistre, ame noble et divine,
Qui d'un cœur genereux loges en ta poitrine
Les errantes vertus, que tu veux soulager
En cet âge où chacun refuse à les loger,
En ceste saison, dis-je, en vices monstrueuse,
Où la mer des malheurs d'une onde impetueuse
Sur nous s'est débordee, où vivans avons veu
Le mal que nos ayeux n'eussent pensé ny creu.

En ce temps la Comete en l'air est ordinaire,
En ce temps on a veu le double luminaire

Du ciel en un mesme an s'eclipser par deux fois ;
Nous avons veu mourir en jeunesse nos Rois,
Et la peste infectee en nos murs enfermee
Le peuple moissonner d'une main affamee.

   Qui pis est, ces Devins qui contemplent les tours
Des Astres, et du Ciel l'influance et le cours,
Predisent qu'en quatre ans, Saturne estant le guide,
Nous voirrons tout ce monde une campaigne vuide,
Le peuple carnassier la Noblesse tuer,
Et des Princes l'estat s'alterer et muer,
Comme si Dieu vouloit nous punir en son ire,
Faire un autre Chaos, et son œuvre destruire
Par le fer, par la peste, et embrazer le sein
De l'air, pour étouffer le pauvre genre humain (...)

   Presque à regret je vy, et à regret je voy
Les rayons du Soleil s'estendre dessus moy.
Pource je porte en l'ame une amere tristesse,
Dequoy mon pied s'avance aux fauxbourgs de vieillesse,
Et voy, quelque moyen que je puisse essayer,
Qu'il faut que je déloge avant que te payer,
S'il ne te plaist d'ouvrir le ressort de mon coffre,
Et prendre ce papier que pour acquit je t'offre,
Et ma plume qui peut, escrivant verité,
Tesmoigner ta louange à la posterité.

   Reçoy donc mon present, s'il te plaist, et le garde
En ta belle maison de Conflant, qui regarde
Paris, sejour des Rois, dont le front spacieux
Ne voit rien de pareil sous la voûte des Cieux ;
Attendant qu'Apollon m'eschauffe le courage
De chanter tes jardins, ton clos, et ton bocage,
Ton bel air, ta riviere et les champs d'alentour
Qui sont toute l'année eschauffez d'un beau jour,
Ta forest d'orangers, dont la perruque verte
De cheveux eternels en tout temps est couverte,
Et tousjours son fruit d'or de ses fueilles defend,
Comme une mere fait de ses bras son enfant.

Prens ce Livre pour gage, et luy fais, je te prie,
Ouvrir en ma faveur ta belle Librairie,
Où logent sans parler tant d'hostes estrangers ;
Car il sent aussi bon que font tes orangers.

76

SONNET À M. FORGET

secrétaire de la princesse Marguerite

Il vaudroit beaucoup mieux manger en sa maison
Du pain cuit en la cendre, et vivoter à peine,
Boire au creux de la main de l'eau d'une fonteine,
Que se rendre soy-mesme à la Cour en prison.
   En la Cour où, Forget, rien ne se voit de bon
Que ta seule Maistresse, en bonté souveraine ;
Les autres sont pipeurs, et pleins d'une foy vaine,
Ne retenans sans plus de vertus que le nom.
   Encor un coup, Forget, je te dis que le pain
Cuit en la cendre et l'eau qu'on puise dans la main,
Sont plus doux que de boire en Cour de l'Ambrosie,
   Ou manger du Nectar. Maudit est le mestier
Qui nous acquiert du bien par une hypocrisie,
Et dont ne jouit point le troisiesme heritier.

77

ODELETTE

À REMI BELLEAU

Nous vivons, mon Belleau, une vie sans vie ;
Nous mortels qui vivons, nous servons à l'envie,
Nous servons aux faveurs, et jamais nous n'avons
Un seul repos d'esprit tandis que nous vivons.
  De tous les animaux qui marchent sur la terre,
L'homme est le plus chetif, car il se fait la guerre
Luy-mesmes à soy-mesme, et n'a dans son cerveau
Autre plus grand desir que d'estre son bourreau.
Regarde je te pri le bœuf qui d'un col morne
Traine pour nous nourrir le joug dessus la corne :
Bien qu'il soit sans raison, gros et lourd animal,
Jamais de son bon gré n'est cause de son mal,
Ains d'un cœur patient le labeur il endure,
Et la loy qu'en naissant luy ordonna Nature.
Puis quand il est au soir du labeur deslié,
Il met pres de son joug le travail oublié,
Et dort sans aucun soing jusqu'à tant que l'Aurore
Le resveille au matin pour travailler encore.
  Mais nous, pauvres chetifs, soit de jour, soit de nuit,
Tousjours quelque tristesse espineuse nous suit,
Qui nous lime le cœur : si quelqu'un esternue,
Nous sommes courroucez ; si quelqu'un par la rue
Passe plus grand que nous, nous tressuons d'ahan* ;
Si nous oyons crier de nuict quelque chouan,
Nous herissons d'effroy : bref à la race humaine
Tousjours de quelque part luy survient quelque peine,
Car il ne luy suffist de ses propres mal-heurs
Qu'elle a dés le berceau, mais elle en cherche ailleurs.
Faveur, procez, amour, la rancœur, la feintise,

L'ambition, l'honneur, l'ire et la convoitise,
Et le sale appetit d'amonceler des biens,
Sont les maux estrangers que l'homme adjouste aux
[siens.

78

UNE CUEILLETTE DE RÉGIME

LA SALADE

À   SON   SECRÉTAIRE   AMADIS
JAMYN

Lave ta main, qu'elle soit belle et nette,
Resveille toy, apporte une serviette ;
Une salade amasson, et faison
Part à nos ans des fruicts de la saison.
D'un vague pied, d'une veuë escartée
Deçà, delà, en cent lieux rejettée
Sus une rive, et dessus un fossé,
Dessus un champ en paresse laissé
Du laboureur, qui de luy-mesme apporte
Sans cultiver herbes de toute sorte,
Je m'en iray solitaire à l'escart.
Tu t'en iras, Jamyn, d'une autre part,
Chercher songneux la boursette toffue,
La pasquerette à la fueille menue,
La pimprenelle heureuse pour le sang
Et pour la ratte, et pour le mal de flanc ;
Je cueilleray, compagne de la mousse,
La responsette à la racine douce,
Et le bouton des nouveaux groiseliers
Qui le Printemps annoncent les premiers.

Puis, en lisant l'ingenieux Ovide
En ces beaux vers où d'amour il est guide,
Regagnerons le logis pas-à-pas.
Là, recoursant jusqu'au coude nos bras,
Nous laverons nos herbes à main pleine
Au cours sacré de ma belle fontaine ;
La blanchirons de sel en mainte part,
L'arrouserons de vinaigre rosart,
L'engresserons de l'huile de Provence :
L'huile qui vient aux oliviers de France
Rompt l'estomac, et ne vaut du tout rien.
      Voylà, Jamyn, voylà mon souv'rain bien,
En attendant que de mes veines parte
Ceste execrable, horrible fiévre quarte
Qui me consomme et le corps et le cœur,
Et me fait vivre en extreme langueur.
Tu me diras que la fiévre m'abuse,
Que je suis fol, ma salade, et ma Muse (...)
      Si nous sçavions, ce disoit Hesiode,
Combien nous sert l'asphodelle, et la mode
De l'acoustrer, heureux l'homme seroit,
Et la moitié le tout surpasseroit.
Par la moitié il entendoit la vie
Sans aucun fard des laboureurs suivie,
Qui vivent sains du labeur de leurs doits,
Et par le tout, les delices des Rois.
La Nature est, ce dit le bon Horace,
De peu contente, et nostre humaine race
Ne quiert beaucoup ; mais nous la corrompons,
Et par le tout la moitié nous trompons.
      C'est trop presché, donne-moy ma salade.
Trop froide elle est, dis-tu, pour un malade.
      Hé quoy ! Jamyn, tu fais le medecin !
Laisse moy vivre au-moins jusqu'à la fin
Tout à mon aise, et ne sois triste augure
Soit à ma vie ou à ma mort future ;

Car tu ne peux, ny moy, pour tout secours
Faire plus longs ou plus petits mes jours.
Il faut charger la barque Carontée ;
La barque, c'est une biere voutée
Faite en bateau ; le naistre est le trespas ;
Sans naistre icy l'homme ne mourroit pas.
Fol qui d'ailleurs autre bien se propose !
Naissance et mort est une mesme chose.

79

LA FONTAINE D'HÉLÈNE

I. SONNET

Afin que ton honneur coule parmy la plaine
Autant qu'il monte au Ciel engravé dans un pin,
Invoquant tous les Dieux, et respandant du vin,
Je consacre à ton nom ceste belle fontaine.

Pasteurs, que vos troupeaux frisez de blanche laine
Ne paissent à ces bords : y fleurisse le thin,
Et tant de belles fleurs qui s'ouvrent au matin,
Et soit dite à jamais la Fontaine d'Helene.

Le passant en Esté s'y puisse reposer,
Et assis dessus l'herbe à l'ombre composer
Mille chansons d'Helene, et de moy luy souvienne.

Quiconques en boira, qu'amoureux il devienne,
Et puisse, en la humant, une flame puiser
Aussi chaude qu'au cœur je sens chaude la mienne.

LE PREMIER

Ainsi que ceste eau coule et s'enfuyt parmy l'herbe,
Ainsi puisse couler en ceste eau le soucy
Que ma belle Maistresse, à mon mal trop superbe,
Engrave dans mon cœur sans en avoir mercy.

LE SECOND

Ainsi que dans ceste eau de l'eau mesme je verse,
Ainsi de veine en veine Amour qui m'a blessé,
Et qui tout à la fois son carquois me renverse,
Un breuvage amoureux dans le cœur m'a versé.

LE PREMIER

Je voulois de ma peine esteindre la memoire ;
Mais Amour, qui avoit en la fontaine beu,
Y laissa son brandon, si bien qu'au lieu de boire
De l'eau pour l'estancher, je n'ay beu que du feu.

LE SECOND

Tantost ceste fontaine est froide comme glace,
Et tantost elle jette une ardante liqueur.
Deux contraires effects je sens quand elle passe,
Froide dedans ma bouche, et chaude dans mon cœur.

LE PREMIER

Vous qui refraischissez ces belles fleurs vermeilles,
Petits freres ailez, Favones* et Zephyrs,
Portez de ma maistresse aux ingrates oreilles,
En volant parmy l'air, quelcun de mes souspirs.

LE SECOND

Vous enfans de l'Aurore, allez baiser ma Dame,
Dites luy que je meurs, contez luy ma douleur,

Et qu'Amour me transforme en un rocher sans ame,
Et non comme Narcisse en une belle fleur.

LE PREMIER

Grenouilles qui jasez quand l'an se renouvelle,
Vous Gressets*, qui servez aux charmes*, comme on
Criez en autre part vostre antique querelle :   [dit,
Ce lieu sacré vous soit à jamais interdit.

LE SECOND

Philomele* en avril ses plaintes y jargonne,
Et ses bords sans chansons ne se puissent trouver :
L'Arondelle l'Esté, le Ramier en Automne,
Le Pinson en tout temps, la Gadille* en Hyver.

LE PREMIER

Cesse tes pleurs, Hercule, et laisse ta Mysie*,
Tes pieds de trop courir sont ja foibles et las.
Icy les Nymphes ont leur demeure choisie,
Icy sont les Amours, icy est ton Hylas.

LE SECOND

Que ne suis-je ravy comme l'enfant Argive* !
Pour revencher ma mort, je ne voudrois sinon
Que le bord, le gravois, les herbes et la rive
Fussent tousjours nommez d'Helene, et de mon nom !

LE PREMIER

Dryades*, qui vivez sous les escorces sainctes,
Venez et tesmoignez combien de fois le jour
Ay-je troublé vos bois par le cry de mes plaintes,
N'ayant autre plaisir qu'à souspirer d'Amour ?

LE SECOND

Echo, fille de l'Air, hostesse solitaire
Des rochers où souvent tu me vois retirer,

189

Dy quantes fois le jour, lamentant ma misere,
T'ay-je fait souspirer en m'oyant souspirer ?

LE PREMIER

Ny Cannes ny Roseaux ne bordent ton rivage,
Mais le gay Poliot*, des bergeres amy :
Tousjours au chaud du jour le Dieu de ce bocage,
Appuyé sur sa fleute, y puisse estre endormy.

LE SECOND

Fontaine à tout jamais ta source soit pavée.
Non de menus gravois, de mousses ny d'herbis,
Mais bien de mainte Perle à bouillons enlevée,
De Diamans, Saphirs, Turquoises et Rubis.

LE PREMIER

Le Pasteur en tes eaux nulle branche ne jette,
Le Bouc de son ergot ne te puisse fouler ;
Ains* comme un beau Crystal, tousjours tranquille et
Puisses-tu par les fleurs eternelle couler.   [nette

LE SECOND

Les Nymphes de ces eaux et les Hamadryades*,
Que l'amoureux Satyre entre les bois poursuit,
Se tenans main à main, de sauts et de gambades,
Aux rayons du Croissant y dansent toute nuit.

LE PREMIER

Si j'estois un grand Prince, un superbe edifice
Je voudrois te bastir, où je ferois fumer
Tous les ans à ta feste autels et sacrifice,
Te nommant pour jamais la Fontaine d'aimer.

LE SECOND

Il ne faut plus aller en la forest d'Ardeine
Chercher l'eau, dont Regnaut* estoit si desireux :

190

Celuy qui boit à jeun trois fois ceste fonteine,
Soit passant ou voisin, il devient amoureux.

Lune, qui as ta robbe en rayons estoilée,
Garde ceste fontaine aux jours les plus ardans ;
Defen-la pour jamais de chaud et de gelée,
Remply-la de rosée, et te mire dedans.

Advienne apres mille ans qu'un Pastoureau desgoise
Mes amours, et qu'il conte aux Nymphes d'icy-pres
Qu'un Vandomois mourut pour une Saintongeoise,
Et qu'encores son ame erre entre ces forests.

Garsons ne chantez plus, ja Vesper nous commande
De serrer nos troupeaux : les Loups sont ja dehors.
Demain à la frescheur avec une autre bande,
Nous reviendrons danser à l'entour de ces bords.

Fontaine, ce-pendant de ceste tasse pleine
Reçoy ce vin sacré que je renverse en toy ;
Sois ditte pour jamais la Fontaine d'Heleine,
Et conserve en tes eaux mes amours et ma foy.

III. SONNET

Il ne suffit de boire en l'eau que j'ay sacrée
A ceste belle Helene, afin d'estre amoureux :
Il faut aussi dormir dedans un antre ombreux,
Qui a joignant sa rive en un mont son entrée.
Il faut d'un pied dispos danser dessus la prée,
Et tourner par neuf fois autour d'un saule creux ;
Il faut passer la planche, il faut faire des vœux
Au Pere sainct Germain*, qui garde la contrée.

Cela fait, quand un cœur seroit un froid glaçon,
Il sentira le feu d'une estrange façon
Enflamer sa froideur. Croyez ceste escriture.

Amour, du rouge sang des Geans tout souillé,
Essuyant en ceste eau son beau corps despouillé,
Y laissa pour jamais ses feux et sa teinture.

80

ADIEU À LA PRINCESSE
MARGUERITE

Comme une belle Nymphe à la rive amusée,
Qui seure voit de loin enfondrer un bateau
Et sans changer de teint court sur le bord de l'eau
Où son pied la conduit par la fresche rosée,

Ainsi vous regardez d'asseurance poussée,
Sans point decolorer vostre visage beau,
Nostre Europe plongée au profond du tombeau,
Par Philippe et Henry au naufrage exposée.

Les vertus, que du Ciel en don vous recevez
Et celles que par livre acquises vous avez,
Tout le soin terrien vous chassent hors des yeux.

Et bien que vous soyez dedans ce monde en vie,
L'eternelle Vertu du corps vous a ravie,
Et vive vous assied (miracle !) entre les Dieux.

81

POÈMES DÉDIÉS
À MARIE STUART

I. SONNET

Encores que la mer de bien loin nous separe,
Si est-ce que l'esclair de vostre beau Soleil,
De vostre œil qui n'a point au monde de pareil,
Jamais loin de mon cœur par le temps ne s'egare.

Royne, qui enfermez une Royne si rare,
Adoucissez vostre ire, et changez de conseil ;
Le Soleil se levant et allant au sommeil
Ne voit point en la terre un acte si barbare.

Peuple, vous forlignez, aux armes nonchalant,
De vos ayeux Regnault*, Lancelot et Rolant,
Qui prenoyent d'un grand cœur pour les Dames
                                    [querelle,
Les gardoyent, les sauvoyent ; où vous n'avez,
Ny osé regarder ny toucher le harnois   [François,
Pour oster de servage une Royne si belle.

II. DISCOURS

Le jour que vostre voile aux Zephyrs se courba,
Et de nos yeux pleurans les vostres desroba,
Ce jour, la mesme voile emporta loin de France
Les Muses qui souloyent y faire demeurance,
Quand l'heureuse fortune ici vous arrestoit,
Et le Sceptre François entre vos mains estoit.

Depuis, nostre Parnasse est devenu sterile,
Sa source maintenant d'une bourbe distile,

Son laurier est seché, son lierre est destruit,
Et sa croupe jumelle est ceinte d'une nuit.

Les Muses en pleurant ont laissé nos montaignes ;
Que pourroyent plus chanter ces neuf belles compaignes,
Quand vous, leur beau sujet, qui les faisoit parler,
Sans espoir de retour est daigné s'en-aller ?
Quand vostre Majesté, qui leur donnoit puissance,
A tranché leur parolle avecque son absence ?

Quand vostre belle lévre où Nature posa
Un beau jardin d'œillets que Pithon arrosa
De nectar et de miel, quand vostre bouche pleine
De perles, de rubis, et d'une douce haleine,

Quand vos yeux estoilez, deux beaux logis d'Amour,
Qui feroyent d'une nuict le midi d'un beau jour,
Et penetrant les cœurs pourroyent dedans les ames
Des Scythes imprimer la vertu de leurs flames ;

Quand vostre front d'albastre et l'or de vos cheveux
Annelez et tressez, dont le moindre des nœux
Donteroit une armée, et feroit en la guerre
Hors des mains des soldats tomber le fer à terre ;

Quand cest yvoire blanc qui enfle vostre sein,
Quand vostre longue et gresle et delicate main,
Quand vostre belle taille et vostre beau corsage
Qui ressemble au portrait d'une celeste image,

Quand vos sages propos, quand vostre douce vois,
Qui pourroit esmouvoir les rochers et les bois,
Las ! ne sont plus ici ! quand tant de beautez rares
Dont les Graces des Cieux ne vous furent avares,
Abandonnant la France, ont d'un autre costé
L'agreable sujet des Muses emporté !
Comment pourroyent chanter les bouches des Poëtes,
Quand par vostre depart les Muses sont muettes ?

Tout ce qui est de beau ne se garde long temps ;
Les roses et les liz ne regnent qu'un printemps ;
Ainsi vostre beauté, seulement apparue
Quinze ans en nostre France, est soudain disparue,

Ainsi qu'on voit en l'air s'esvanouir un trait,
Et d'elle n'a laissé sinon que le regret,
Sinon le desplaisir qui me remet sans cesse
Au cœur le souvenir d'une telle Princesse.

Ha ! que bien peu s'en faut que, rempli de fureur,
Voyant vostre destin, je ne tombe en l'erreur
De ceux qui ont pensé, sans prevoyance aucune,
Ce monde estre conduit au plaisir de Fortune !

Ciel ingrat et cruel, je te pri', respons moy,
Respons, je te suppli', que te fist nostre Roy,
Auquel si jeune d'ans tu as tranché la vie ?
Que t'a fait son espouse, à qui la palle envie
A desrobé des mains le Sceptre si soudain,
Pour veufve l'envoyer en son païs lointain
En la fleur de son âge, ayant esmeu contre elle
Et contre sa grandeur sa terre naturelle ?

Or si les hommes nez entre les peuples bas,
D'un cœur pesant et lourd qui ne resiste pas,
Avoyent souffert en l'ame une moindre partie
De la tristesse, helas ! que femme elle a sentie,
Ils seroyent surmontez de peine et de douleur,
Et veincus du Destin feroyent place au malheur ;

Où ceste noble Royne et haute et magnanime,
Dont le cœur genereux par la vertu s'anime,
Ne ployant sous le mal, d'un courage indonté
Comme ferme et constante a le mal surmonté,
Et n'a voulu souffrir que Fortune eust la gloire
D'avoir en l'assaillant sus elle la victoire,
Portant un jeune cœur en un courage vieux,
De l'Envie et du Sort tousjours victorieux.

Tu dois avoir, Escosse, une gloire eternelle,
Pour estre le berceau d'une Royne si belle ;
Car, soit que le Soleil en bas face sejour,
Soit qu'il le face en haut, son œil te sert de jour.

Aussi toute beauté qui n'a ny fin ny terme,
Aux isles prend naissance, et non en terre ferme.

Diane qui reluit par l'obscur de la nuit,
Et qui par les forests ses molosses conduit,
En Delos prist naissance, et la gentille mere
Des Amours emplumez nasquit dedans Cythere ;
Escosse la belle isle a receu ce bon-heur
De vous produire aussi, des Dames tout l'honneur.

Ha ! que je veux de mal au grand Prince Neptune,
Prince fier et cruel, qui pour une rancune
Qu'il portoit à la Terre, avecque son Trident
Alla de tous costez les vagues respandant,
Et par despit cacha presque de nostre mere
Tout le sein fructueux sous la marine amere !
Il arracha les bors, puis, en les escartant,
Bien loin dedans la mer il les alla plantant,
Et pour n'estre jouët ny des vents ny des ondes,
Leurs plantes attacha sous les vagues profondes
D'une chaisne de fer ; seulement à Delos
Permist en liberté de courir sur les flots.

Je voudrois bien qu'un Dieu, le plus grand de la
De ceux qui sont au Ciel, espuisast d'une poupe [troupe
Toute l'eau de la mer : lors à pied sec j'irois
Du rivage François au rivage Escossois,
Et marchant seurement sur les blondes areines,
Sans estre espouvanté des hideuses baleines,
Je voirrois les beaux yeux de ce gentil Soleil,
Qui ne sçauroit trouver au monde son pareil.

Mais puis qu'il n'est permis de forcer la Nature,
Et qu'il faut que la mer de vagues nous emmure,
Pour la passer d'un coup, en lieu de grands vaisseaux
J'envoyray mes pensers, qui volent comme oiseaux :
Par eux je revoirray sans danger, à toute heure,
Ceste belle Princesse et sa belle demeure,
Et là pour tout jamais je voudray sejourner,
Car d'un lieu si plaisant on ne peut retourner.

Certes l'homme seroit furieux manifeste
Qui voudroit retourner d'un Paradis celeste,

Disant que de son bien il recevroit un mal,
Pour se voir eslongné de son pays natal.
   La Nature a tousjours dedans la mer lointaine,
Par les bois, par les rocs, sous des monceaux d'areine,
Recelé les beautez, et n'a point à nos yeux
Monstré ce qui estoit le plus delicieux :
Les perles, les rubis sont enfans des rivages,
Et tousjours les odeurs sont aux terres sauvages.
   Ainsi Dieu, qui a soin de vostre Royauté,
A fait, miracle grand, naistre vostre beauté
Sur le bord estranger, comme chose laissée
Non pour les yeux de l'homme, ainçois* pour la pensée.

III. ÉLÉGIE

Bien que le trait de vostre belle face
Peinte en mon cœur par le temps ne s'efface,
Et que tousjours je le porte imprimé
Comme un tableau vivement animé,
J'ay toutefois pour la chose plus rare,
Dont mon estude et mes livres je pare,
Vostre semblant qui fait honneur au lieu,
Comme un **portrait** fait honneur à son Dieu.

Vous n'estes **vive** en drap d'or habillée,
Ny les joyaux de l'Inde despouillée,
Riches d'esmail et d'ouvrages, ne font
Luire un beau jour autour de vostre front ;

Et vostre main, des plus belles la belle,
N'a rien sinon sa blancheur naturelle,
Et vos longs doigts, cinq rameaux inegaux,
Ne sont pompeux de bagues ny d'anneaux,
Et la beauté de vostre gorge vive
N'a pour carquan que sa blancheur naïve.

Un crespe long, subtil et delié,
Ply contre ply retors et replié,
Habit de dueil, vous sert de couverture
Depuis le chef jusques à la ceinture,
Qui s'enfle ainsi qu'un voile quand le vent
Soufle la barque, et la single en avant.

De tel habit vous estiez accoustrée
Partant, helas ! de la belle contrée
Dont aviez eu le Sceptre dans la main,
Lors que pensive, et baignant vostre sein
Du beau crystal de vos larmes roulées,
Triste marchiez par les longues allées
Du grand jardin de ce royal Chasteau
Qui prend son nom de la source d'une eau.

Tous les chemins blanchissoient sous vos toiles,
Ainsi qu'on voit blanchir les rondes voiles,
Et se courber bouffantes sur la mer,
Quand les forsats ont cessé de ramer ;

Et la galere, au gré du vent poussée,
Flot desur flot s'en-va toute eslancée
Sillonnant l'eau, et faisant d'un grand bruit
Pirouëter la vague qui la suit.

Lors les rochers, bien qu'ils n'eussent point d'ame,
Voyant marcher une si belle Dame,
Et les deserts, les sablons, et l'estang
Où vit maint cygne habillé tout de blanc,
Et des hauts pins la cyme de verd peinte,
Vous contemploient comme une chose sainte,
Et pensoient voir, pour ne voir rien de tel,
Une Déesse en habit d'un mortel

Se promener, quand l'Aube retournée
Par les jardins poussoit la matinée,
Et vers le soir, quand desjà le Soleil
A chef baissé s'en-alloit au sommeil (...)

Je suis marry que la douce Venus
Nasquit des flots d'escume tous chenus :
Elle, d'Amour la compaigne et la mere,
Digne n'estoit d'une naissance amere
Des flots couverts d'horreur et de peril,
Mais devoit naistre au Printemps, en avril
D'un pré fleury, pres d'une eau gazouillante
Dessur la mousse, et non de la tourmente.

C'est pour monstrer que l'Amour est trompeur,
Amer, cruel, plein de crainte et de peur,
Comme celuy qui porte en ses mains closes
Plus de chardons que de lis ny de roses.

IV. L'automne des amours

82

ODE À L'HIRONDELLE

Si tost que tu sens arriver
La froide saison de l'hyver,
En septembre, chere arondelle,
Tu t'en-voles bien loin de nous,
Puis tu reviens quand le temps dous
Au mois d'avril se renouvelle.

Mais Amour en nulle saison
Ne s'en-vole de ma maison,
Et tousjours chez moy je le trouve ;
Il est tousjours de moy veinqueur,
Et fait son nic dedans mon cœur,
Et y pond ses œufs et les couve.

L'un a des ailerons au flanc,
L'autre de duvet est tout blanc,
Et l'autre dans le nic s'essore ;
L'un de la coque à demy sort.
Et l'autre en a rompu le bort,
Et l'autre est dedans l'œuf encore.

J'entens, soit de jour soit de nuit,
De ces petits Amours le bruit,
Béans pour avoir la bechée,
Qui sont nourris par les plus grans,
Et grands devenus, tous les ans
Font une nouvelle nichée.

Quel remede auroy-je, Brinon,
Encontre tant d'Amours, sinon,
Puis que d'eux je me desespere,
Pour soudain guarir ma langueur,
D'une dague m'ouvrant le cœur,
Tuer les petits et la mere ?

83

SONNET SUR L'INCONNUE

Ayant la Mort mon cœur des-allié
De son subject, ma flamme estoit esteinte,
Mon chant muet et la corde desceinte,
Qui si long temps m'avoit ars* et lié.
    Puis je disois : Et quelle autre moitié
Apres la mort de ma moitié si saincte,
D'un nouveau feu et d'une neuve estrainte
Ardra, nou'ra ma seconde amitié ?
    Quand je senti le plus froid de mon ame
Se r'embraser d'une nouvelle flame,
Prinse és filets des rets Idaliens*.
    Amour re-veut, pour eschaufer ma glace,
Qu'autre œil me brusle, et qu'autre main m'enlace.
O flame heureuse, ô bien-heureux liens !

ODE

Quand je suis vingt ou trente mois
Sans retourner en Vandomois,
Plein de pensées vagabondes,
Plein d'un remors et d'un souci,
Aux rochers je me plains ainsi,
Aux bois, aux antres, et aux ondes.

Rochers, bien que soyez âgez
De trois mil ans, vous ne changez
Jamais ny d'estat ny de forme ;
Mais tousjours ma jeunesse fuit,
Et la vieillesse qui me suit,
De jeune en vieillard me transforme.

Bois, bien que perdiez tous les ans
En l'hyver vos cheveux plaisans,
L'an d'apres qui se renouvelle,
Renouvelle aussi vostre chef ;
Mais le mien ne peut de rechef
R'avoir sa perruque nouvelle.

Antres, je me suis veu chez vous
Avoir jadis verds les genous,
Le corps habile, et la main bonne ;
Mais ores j'ay le corps plus dur,
Et les genous, que n'est le mur
Qui froidement vous environne.

Ondes, sans fin vous promenez
Et vous menez et ramenez
Vos flots d'un cours qui ne sejourne ;

Et moy sans faire long sejour
Je m'en vais de nuict et de jour,
Au lieu d'où plus on ne retourne.

Si est-ce que je ne voudrois
Avoir esté rocher ou bois,
Pour avoir la peau plus espesse,
Et veincre le temps emplumé ;
Car ainsi dur je n'eusse aimé
Toy qui m'as fait vieillir, Maistresse.

85

DISCOURS À GENÈVRE,

EN FORME D'ÉLÉGIE

Ce me sera plaisir, Genévre, de t'escrire,
Estant absent de toy, mon amoureux martyre.
Helas ! je ne vy pas ! ou je vy tout ainsi
Que languist en son lict un malade transi,
Qui deçà, qui delà se tourne et se remue,
Ayant dans le cerveau la fiévre continue,
Qui resve et se despite, et ne sçait comme il faut,
Ore entre la froideur et ore entre le chaud,
Gouverner sagement sa raison estourdie
Des differens accez de telle maladie.
  Ainsi, quand le Soleil se plonge dans la mer,
Quand il vient le matin les Astres enfermer,
Et quand en plein midy tout ce monde il contemple,
Je brusle impatient, et mon mal sert d'exemple
Aux jeunes amoureux qu'on ne doit point lier
Le col dessous Amour, ou soudain l'oublier (...)

Je ne voy rien icy qui regret ne m'ameine :
Le jour m'est ennuyeux, la nuict me tient en peine,
Et comme un ennemy tres-dangereux je fuy
Le lict, qui toute nuict redouble mon ennuy.

Quand le Soleil descend dans les ondes sallées,
Je me desrobe és bois, ou me pers és vallées,
Je me cache en un antre, et fuyant un chacun
De peur qu'à mes pensers ne se monstre importun,
Je parle seul à moy, seul j'entretiens mon ame,
Discourant cent propos d'amour et de ma Dame ;
D'un penser achevé l'autre soudain renaist,
Mon cœur d'autre viande en amour ne se paist.
Il mourroit sans penser, le penser est sa vie,
Et ta douce beauté que seule j'ay suivie.

Ainsi par les deserts tout le jour je me deulx,
Puis, quand l'obscure nuict se perruque de feux,
Le solitaire effroy hors des bois me retire,
Et jusques au logis Amour me vient conduire.

Quand je suis en ma chambre, encore pour cela
Je ne suis à repos : Amour deçà delà
M'esgratigne le cœur, et ma playe cruelle,
Lors que je voy mon lict, s'aigrist et renouvelle.

Pour ne me coucher point je cherche à deviser,
Je lis en quelque livre, ou feins de composer,
Ou seul je me promeine et repromeine encore,
Essayant de tromper l'ennuy qui me devore.

A la fin, mes vallets, qui portent sur les yeux
Et dans le nez ronflant le dormir ocieux*,
Entre-sillez du somme, ainsi me viennent dire :
« Monsieur, il est bien tard, un chacun se retire,
Ja my-nuit est sonné, qu'avez-vous à gemir ?
La chandelle est faillie, il est temps de dormir ! »

Alors, importuné de leur sotte priere,
Je laisse tout mon corps pancher en une chaire,
Nonchallant de moy-mesme, et mes bras vainement
Et mon chef paresseux pendant sans mouvement,

Je suis sans mouvement, paresseux et tout lâche.
L'un m'oste la ceinture, et l'autre me detache,
L'un me tire la chausse, et l'autre le pourpoint ;
Ils me portent au lict, et je ne le sens point !

Puis, quand je suis couché, Amour qui me travaille,
Armé de mes pensers, me donne la bataille.
Le lict m'est un enfer, et pense que dedans
On ait semé du verre ou des chardons mordans ;
Maintenant d'un costé, maintenant je me tourne
Desur l'autre en pleurant, et point je ne sejourne.

Amour impatient, qui cause mes regrets,
Toute nuict sur mon cœur aiguise tous ses traits,
M'aiguillonne, me poingt, me pique et me tormente,
Et ta jeune beauté tousjours me represente.

Mais si tost que le coq, planté desur un pau,
A trois fois salué le beau Soleil nouveau,
Je m'habille, et m'en-vois où le desir me meine,
Par les prez non frayez de nulle trace humaine (...)

HUIT SONNETS À HÉLÈNE

86

Dedans les flots d'Amour je n'ay point de support,
Je ne voy point de phare, et si je ne desire
(O desir trop hardy !) sinon que ma navire
Apres tant de perils puisse gaigner le port.

Las ! devant que payer mes vœux dessus le bort,
Naufrage je mourray : car je ne voy reluire
Qu'une flame sur moy, qu'une Helene qui tire
Entre mille rochers ma navire à la mort.

Je suis seul me noyant, de ma vie homicide,
Choisissant un enfant, un aveugle, pour guide,
Dont il me faut de honte et pleurer et rougir.

Je ne sçay si mes sens, ou si ma raison tasche
De conduire ma nef ; mais je sçay qu'il me fasche
De voir un si beau port et n'y pouvoir surgir.

87

Je fuy les pas frayez du meschant populaire,
Et les villes où sont les peuples amassez.
Les rochers, les forests desja sçavent assez
Quelle trampe a ma vie estrange et solitaire.

Si ne suis-je si seul, qu'Amour mon secretaire,
N'accompagne mes pieds debiles et cassez,
Qu'il ne conte mes maux et presens et passez
A ceste voix sans corps, qui rien ne sçauroit taire.

Souvent, plein de discours, pour flatter mon esmoy,
Je m'arreste, et je dis : Se pourroit-il bien faire
Qu'elle pensast, parlast, ou se souvins de moy ?

Qu'à sa pitié mon mal commençast à desplaire ?
Encor que je me trompe, abusé du contraire,
Pour me faire plaisir, Helene, je le croy.

88

Si la beauté se perd, fais-en part de bonne heure,
Tandis qu'en son printemps tu la vois fleuronner.
Si elle ne se perd, ne crain point de donner
A tes amis le bien qui tousjours te demeure.

Venus, tu devrois estre en mon endroit meilleure,
Et non dedans ton camp ainsi m'abandonner.
Tu me laisses toy-mesme esclave emprisonner
Es mains d'une cruelle où il faut que je meure.

    Tu as changé mon aise et mon doux en amer.
Que devoy-je esperer de toy, germe de mer,
Sinon toute tempeste ? et de toy qui es femme

    De Vulcan, que du feu ? de toy, garce* de Mars,
Que couteaux qui sans cesse environnent mon ame,
D'orages amoureux, de flames et de dars ?

89

Je voyois, me couchant, s'esteindre une chandelle,
Et je disois au lict, bassement à-par-moy :
Pleust à Dieu que le soin, que la peine et l'esmoy,
Qu'Amour m'engrave au cœur, s'esteignissent comme
    Un mastin enragé, qui de sa dent cruelle   [elle !
Mord un homme, il luy laisse une image de soy
Qu'il voit tousjours en l'eau. Ainsi tousjours je voy,
Soit veillant ou dormant, le portrait de ma belle.
    Mon sang chaud en est cause. Or comme on voit
                                                    [souvent
L'Esté moins boüillonner que l'Automne suivant,
Mon septembre est plus chaud que mon juin de fortune.
    Helas ! pour vivre trop, j'ay trop d'impression.
Tu es mort une fois, bien-heureux Ixion,
Et je meurs mille fois pour n'en mourir pas une.

Puis qu'elle est tout hyver, toute la mesme glace,
Toute neige, et son cœur tout armé de glaçons,
Qui ne m'aime sinon pour avoir mes chansons,
Pourquoy suis-je si fol que je ne m'en delace ?

Dequoy me sert son nom, sa grandeur et sa race,
Que d'honneste servage et de belles prisons ?
Maistresse, je n'ay pas les cheveux si grisons,
Qu'une autre de bon cœur ne prenne vostre place.

Amour, qui est enfant, ne cele verité.
Vous n'estes si superbe, ou si riche en beauté,
Qu'il faille desdaigner un bon cœur qui vous aime.

R'entrer en mon avril desormais je ne puis :
Aimez moy, s'il vous plaist, grison comme je suis,
Et je vous aimeray quand vous serez de mesme.

J'avois esté saigné, ma Dame me vint voir
Lors que je languissois d'une humeur froide et lente.
Se tournant vers mon sang, comme toute riante,
Me dist en se jouant : « Que vostre sang est noir !

Le trop penser en vous a peu si bien mouvoir
L'imagination, que l'ame obeissante
A laissé la chaleur naturelle impuissante
De cuire, de nourrir, de faire son devoir. »

Ne soyez plus si belle, et devenez Medée :
Colorez d'un beau sang ma face ja ridée,
Et d'un nouveau printemps faites moy r'animer.

Æson* vit rajeunir son escorce ancienne.
Nul charme ne sçauroit renouveller la mienne :
Si je veux rajeunir, il ne faut plus aimer

Puis que tu cognois bien qu'affamé je me pais
Du regard de tes yeux, dont larron je retire
Des rayons, pour nourrir ma douleur qui s'empire,
Pourquoy me caches-tu l'œil par qui tu me plais ?

Tu es deux fois venue à Paris, et tu fais
Semblant de n'y venir, afin que mon martire
Ne s'allege en voyant ton œil que je desire,
Ton œil qui me nourrit par le trait de ses rais.

Tu vas bien à Hercueil avecque ta cousine
Voir les prez, les jardins et la source voisine
De l'Antre où j'ay chanté tant de divers accords.

Tu devois m'appeller, oublieuse Maistresse :
En ton coche porté je n'eusse fait grand presse,
Car je ne suis plus rien qu'un fantôme sans corps.

Au milieu de la guerre, en un siècle sans foy,
Entre mille procez, est-ce pas grand'folie
D'escrire de l'Amour ? De manotes on lie
Les fols qui ne sont pas si furieux que moy.

Grison et maladif r'entrer dessous la loy
D'Amour, ô quelle erreur ! Dieux, merci je vous crie.
Tu ne m'es plus Amour, tu m'es une Furie,
Qui me rens fol, enfant, et sans yeux comme toy.

Voir perdre mon païs, proye des adversaires,
Voir en nos estandars les fleurs de lis contraires,
Voir une Thébaïde* et faire l'amoureux !

Je m'en vais au Palais : adieu vieilles Sorcieres !
Muses, je prens mon sac, je seray plus heureux
En gaignant mes procez, qu'en suivant vos rivieres.

ÉLÉGIE

Sans ame, sans esprit, sans pouls et sans haleine,
Je n'avois ny tendon, ny artere, ny veine,
Qui dissoute ne fust du combat amoureux.
Mes yeux estoyent couverts d'un voile tenebreux,
Mes oreilles tintoyent, et ma langue seichée
Estoit à mon palais de chaleur attachée.
A bras demi-tombez ton col j'entrelaçois ;
Nul vent, de mes poulmons, pasmé, je ne poussois ;
J'avois devant les yeux ce royaume funeste
Qui jamais ne jouist de la clairté celeste,
Royaume que Pluton pour partage a voulu,
Et du vieillard Caron le bateau vermoulu.
Bref, j'estois demi-mort, quand tes poulmons s'enflerent,
Et d'une tiede haleine en souspirant soufflerent
Un baiser en ma bouche, entrecoupé de coups
De ta langue lezarde, et de ton ris si doux :
Baiser vivifiant, nourricier de mon ame,
Dont l'alme, douce, humide et restaurante flame
Esloigna de mes yeux mon trespas et ma nuict,
Et feit que le bateau du vieillard qui conduit
Les ames des amans à la rive amoureuse,
S'en alla sans passer la mienne langoureuse.
Ainsi je fus guary par l'esprit d'un baiser.
Il ne faut plus, Maistresse, à tel prix appaiser
Ma chaleur Cyprienne, et mesmement à l'heure
Que le soleil ardent sous la Chienne demeure,
Et que de son rayon chaudement escarté
Il brusle nostre sang, et renflame l'esté.
En ce temps faisons tréve, espargnons nostre vie,
De peur que mal-armez de la Philosophie,

Nous ne sentions soudain, ou apres à loisir,
Que tousjours la douleur voisine le plaisir.

95

ODE ANACRÉONTIQUE

Quand je veux en amour prendre mes passe-temps,
M'amie, en se moquant, laid et vieillard me nomme ;
« Quoy ! dit-elle, resveur, tu as plus de cent ans,
Et tu veux contrefaire encore le jeune homme !

Tu ne fais que hanir, tu n'as plus de vigueur,
Ta couleur est d'un mort qu'on devalle en la fosse ;
Vray est, quand tu me vois, tu prens un peu de cœur,
Car un gentil cheval ne devient jamais rosse.

Si tu veux le sçavoir, prend ce miroir, et voy
Ta barbe en tous endroits de neige parsemée,
Ton œil qui fait la cire espesse comme un doy,
Et ta face qui semble une idole enfumée. »

Alors je lui respons : « Quant à moy, je ne sçay
Si j'ay l'œil chassieux, si j'ay perdu courage,
Si mes cheveux sont noirs, ou si blancs je les ay,
Car jamais je n'appris à mirer mon visage.

Mais puis que le tombeau me doit bien tost avoir,
Certes tu me devrois d'autant plus estre humaine ;
Car le vieil homme doit, ou jamais, recevoir
Ses plaisirs mesme au temps qu'il sent la mort
[prochaine. »

DEUX SONNETS À HÉLÈNE

96

Le Juge m'a trompé : ma Maistresse m'enserre
Si fort en sa prison, que j'en suis tout transi ;
La guerre est à mon huis. Pour charmer mon souci,
Page, verse à longs traits du vin dedans mon verre.
    Au vent aille l'amour, le procez et la guerre,
Et la melancholie au sang froid et noirci !
Adieu rides, adieu, je ne vy plus ainsi :
Vivre sans volupté, c'est vivre sous la terre.
    La Nature nous donne assez d'autres malheurs
Sans nous en acquerir. Nud je vins en ce monde,
Et nud je m'en iray. Que me servent les pleurs,
    Sinon de m'attrister d'une angoisse profonde ?
Chassons avec le vin le soin et les malheurs :
Je combats les soucis, quand le vin me seconde.

97

Vous estes déjà vieille, et je le suis aussi.
Joignon nostre vieillesse et l'accollon ensemble,
Et faison d'un hyver qui de froidure tremble,
Autant que nous pourrons, un printemps adouci.
    Un homme n'est point vieil, s'il ne le croit ainsi ;
Vieillard n'est, qui ne veut ; qui ne veut, il assemble
Une nouvelle trame à sa vieille, et ressemble
Un serpent rajeuni quand l'an retourne ici.

Ostez-moy de ce fard l'impudente encrousture :
On ne sçauroit tromper la loy de la nature,
Ny derider un front condamné du miroir,
   Ni durcir un tetin desjà pendant et flasque.
Le Temps de vostre face arrachera le masque,
Et deviendray un cygne en lieu d'un corbeau noir.

98

MAGIE, OU DÉLIVRANCE
D'AMOUR

ODE

Sans avoir lien qui m'estraigne,
Sans cordon, ceinture ny nouds,
Et sans jartiere à mes genous,
Je vien dessus ceste montaigne,

A fin qu'autant soit relasché
Mon cœur d'amoureuses tortures,
Comme de nœuds et de ceintures
J'ay le corps icy detaché.

Demons, Seigneurs de ceste terre,
Volez en troupe à mon secours,
Combatez pour moy les Amours,
Contre eux je ne veux plus de guerre.

Vents qui soufflez par ceste plaine,
Et vous, Seine, qui promenez
Vos flots par ces champs, emmenez
En l'Ocean noyer ma peine.

Va-t'en habiter tes Cytheres,
Ton Paphos*, Prince Idalien* !
Icy pour rompre ton lien
Je n'ay besoin de tes mysteres.

Anterot*, preste-moy la main,
Enfonce tes fleches diverses ;
Il faut que pour moy tu renverses
Cet ennemy du genre humain.

Je te pry, grand Dieu, ne m'oublie ;
Sus, Page, verse à mon costé
Le sac que tu as apporté,
Pour me guarir de ma folie.

Brule du soufre et de l'encens :
Comme en l'air je voy consommée
Leur vapeur, se puisse en fumée
Consommer le mal que je sens.

Verse-moy l'eau de ceste esguiere ;
Et comme à bas tu la respans,
Qu'à bas s'espande la Megere
De l'amour dont je me repans.

Ne tourne plus ce devideau ;
Comme soudain son cours s'arreste,
Ainsi la fureur de ma teste
Ne tourne plus en mon cerveau.

Laisse dans ce genievre prendre
Un feu s'enfumant peu à peu ;
Amour, je ne veux plus de feu,
Je ne veux plus que de la cendre.

Vien viste, enlasse moy le flanc
Non de thym ny de marjolaine,
Mais bien d'armoise et de vervaine,
Pour mieux me refraischir le sang.

Verse du sel en ceste place ;
Comme il est infertile, ainsi
L'engeance du cruel soucy
Ne couve plus en moy de race.

Apporte-moy tous ses presens,
Ses cheveux, ses gans, sa peinture,
Romps ses lettres, son escriture,
Et jette les morceaux aux vents.

Vien donq, ouvre moy ceste cage,
Et laisse vivre en libertez
Ces pauvres oiseaux arrestez
Ainsi que j'estois en servage.

Passereaux, volez à plaisir,
De ma cage je vous delivre,
Comme desormais je veux vivre
Au gré de mon premier desir.

Vole, ma douce Tourterelle,
Le vray symbole de l'amour,
Je ne veux plus ny nuict ny jour
Entendre ta plainte fidelle.

Pigeon, je te veux desplumer,
Et respandant au vent ta plume,
Puissé-je en forceant ma coustume
Me plumer les ailes d'aimer.

Je veux à la façon antique
Bastir un temple de cyprés,
Où d'Amour je rompray les traicts
Dessus l'autel Anterotique.

Vivant il ne faut plus mourir,
Il faut du cœur s'oster la playe ;
Dix lustres veulent que j'essaye
Le remede de me guarir (...)

TROIS SONNETS D'ADIEU
À HÉLÈNE

99

Amour, je pren congé de ta menteuse escole,
Où j'ay perdu l'esprit, la raison et le sens,
Où je me suis trompé, où j'ay gasté mes ans,
Où j'ay mal employé ma jeunesse trop folle.
  Malheureux qui se fie en un enfant qui volle,
Qui a l'esprit soudain, les effects inconstans,
Qui moissonne nos fleurs avant nostre printans,
Qui nous paist de creance et d'un songe frivole.
  Jeunesse l'alaicta, le sang chaud le nourrit,
Cuider* l'ensorcela, Paresse le pourrit
Entre les voluptez vaines comme fumées.
  Cassandre me ravit, Marie me tint pris,
Ja grison à la Cour d'une autre je m'espris.
L'ardeur d'amour ressemble aux pailles allumées.

J'ay honte de ma honte, il est temps de me taire,
Sans faire l'amoureux en un chef si grison.
Il vaut mieux obeyr aux loix de la Raison,
Qu'estre plus desormais en l'amour volontaire.

Je l'ay juré cent fois, mais je ne le puis faire.
Les roses pour l'Hyver ne sont plus de saison.
Voicy le cinquiesme an de ma longue prison,
Esclave entre les mains d'une belle Corsaire.

Maintenant je veux estre importun amoureux
Du bon pere Aristote*, et d'un soin genereux
Courtiser et servir la beauté de sa fille.

Il est temps que je sois de l'Amour deslié.
Il vole comme un Dieu ; homme je vais à pié.
Il est jeune, il est fort ; je suis gris et debile.

Je m'enfuy du combat, mon armee est desfaite,
J'ay perdu contre Amour la force et la raison ;
Ja dix lustres passez, et ja mon poil grison
M'appellent au logis et sonnent la retraite.

Si comme je voulois ta gloire n'est parfaite,
N'en blasme point l'esprit, mais blasme la saison.
Je ne suis ny Pâris, ni desloyal Jason :
J'obeïs à la loy que la Nature a faite.

Entre l'aigre et le doux, l'esperance et la peur,
Amour dedans ma forge a poly cest ouvrage.
Je ne me plains du mal, du temps ny du labeur,

Je me plains de moy-mesme et de ton faux courage.
Tu t'en repentiras, si tu as un bon cœur,
Mais le tard repentir n'amande le dommage.

QUATRIÈME PARTIE

HIVER

I. L'hiver des saisons

102

ODE À MACLOU DE LA HAIE

Puis que d'ordre à son rang l'orage est revenu,
Si que le ciel voilé tout triste est devenu
Et la vefve forest branle son chef tout nu
   Sous le vent qui l'estonne,
C'est bien pour ce jourdhuy, ce me semble, raison,
Qui ne veut offenser la loy de la saison,
Prendre à gré les plaisirs que tousjours la maison
   En temps pluvieux donne.

Mais si j'augure bien, quand je voy pendre en bas
Les nuaux avallez, mardy ne sera pas
Si mouillé qu'aujourdhuy, nous prendrons le repas
   Tel jour nous deux ensemble.
Tandis chasse de toy tout le mordant souci,
Chasse moy le procez, chasse l'Amour aussi :
Ce garçon insensé aux plus sages d'ici
   Mille douleurs assemble.

Du soin de l'advenir ton cœur ne soit espoint,
Ains* content du present, ne te tourmente point
Des mondaines faveurs qui ne dureront point

Sans culbuter à terre :
Plus tost que les buissons les pins audacieux,
Et le front des rochers qui menace les cieux
Plus tost que les cailloux qui ne trompent les yeux,
Sont frappez du tonnerre.

Vien soul, car tu n'auras le festin ancien,
Que prodigue donna l'orgueil Egyptien*
Au Romain qui vouloit tout l'Empire estre sien :
Je hay tant de viandes.
Tu ne boiras aussi de ce Nectar divin
Qui rend Anjou fameux ; car volontiers le vin
Qui a senti l'humeur du terroir Angevin,
Suit les bouches friandes.

103

LES NUES

À LA REINE CATHERINE DE MÉDICIS

Quand le Soleil, ce grand flambeau qui orne
De son regard le front du Capricorne,
Retient plus court le frein de ses chevaux,
Et paresseux n'allonge ses travaux,
Monstrant au monde une face loingtaine,
Palle, deffaicte, inconstante, incertaine,
Qui ne veult plus de rayons se peigner,
Mais faict semblant de vouloir desdaigner
Par une amour froidement endormie
La belle Flore et la Terre s'amie,
Adonc l'Hyver, que la jeune saison
Du beau Printemps enchaynoit en prison,

Vient deslier les superbes courages
Des vents armez de gresles et d'orages,
Qui tout soudain comme freres mutins
Frappent les monts, desracinent les pins,
Et d'un grand bruit à la rive voisine
Flot dessus flot renversent la marine
Blanche d'escume, et aux pieds des rochers
Froissent, helas ! la maison des nochers,
Faisant bransler sur les vagues profondes
Les corps noyez pour le jouet des ondes,
Jettez apres dessus le sable nu,
Hostes puants du rivage incognu.
   L'air cependant qui s'imprime des nuës,
Forme en son sein des chimeres cornuës,
Et comme il plaist aux grans vents de souffler,
On void la nuë estrangement s'enfler,
Representant en cent divers images
Cent vains portraicts de differens visages,
Qui du Soleil effacent le beau front,
Et sur la terre effroyables se font ;
   Car dedans l'air telles feinctes tracées
Des cœurs humains estonnent les pensées :
L'une en saultant et courant en avant,
Vuide, sans poix, sert d'une balle au vent ;
L'autre chargée est constante en sa place ;
L'une est de rien, l'autre est pleine de glace,
L'autre de neige, et l'autre, ayant le teinct
Noir, azuré, blanc et rouge, s'espreinct,
Comme une esponge aux sommets des montagnes ;
L'autre s'avalle aux plus basses campagnes,
Et, se rompant en sifflemens trenchans,
Verse la pluye et arrose les champs (...)

104

ODE À MELLIN
DE SAINT-GELAIS

Tousjours ne tempeste enragée
Contre ses bords la mer Egée,
Et tousjours l'orage cruel
Des vents, comme un foudre ne gronde.
Elochant* la voûte du monde
D'un soufflement continuel.

Tousjours l'hiver de neiges blanches
Des pins n'enfarine les branches,
Et du haut Apennin tousjours
La gresle le dos ne martelle,
Et tousjours la glace eternelle
Des fleuves ne bride le cours.

Tousjours ne durent orgueilleuses
Les Pyramides sourcilleuses
Contre la faulx du Temps veinqueur :
Aussi ne doit l'ire felonne,
Qui de son fiel nous empoisonne,
Durer toujours dedans un cœur.

Rien sous le Ciel ferme ne dure :
Telles loix la sage Nature
Arresta dans ce monde, alors
Que Pyrrhe* espandoit sus la terre
Nos ayeux conceus d'une pierre
S'amollissante en nouveaux corps.

Maintenant une triste pluye
D'un air larmoyant nous ennuye,

Maintenant les Astres jumeaux
D'émail en-fleurissent les plaines,
Maintenant l'Esté boit les veines
D'Ide gazouillante en ruisseaux.

Nous aussi, Melin, qui ne sommes
Immortels, mais fragiles hommes,
Suivant cest ordre il ne faut pas
Que nostre ire soit immortelle,
Balançant sagement contre elle
La raison par juste compas (...)

105

SONNET À HÉLÈNE

Maintenant que l'Hyver de vagues empoulées
Orgueillist les torrens, et que le vent qui fuit
Fait ores* esclatter les rives d'un grand bruit,
Et ores des forests les testes esveillées,
    Je voudrois voir d'Amour les deux ailes gelées,
Voir ses traicts tous gelez, desquels il me poursuit,
Et son brandon gelé dont la chaleur me cuit
Les veines que sa flame a tant de fois bruslées.
    L'Hyver est tousjours fait d'un gros air espessi,
Pour le Soleil absent ny chaud ny esclairci,
Et mon ardeur se fait des rayons d'une face,
    Laquelle me nourrit d'imagination.
Tousjours dedans le sang j'en ay l'impression,
Qui force de l'Hyver les neiges et la glace.

106

SONNET
À CHARLES DE LORRAINE

Monseigneur, je n'ay plus ceste ardeur de jeunesse
Qui me faisoit chanter les passions d'amour ;
J'ay le sang refroidy, le jour suivant le jour
En desrobant mes ans les donne à la vieillesse.
 Plus Phœbus ne me plaist, ny Venus la Déesse,
Et la Grecque fureur qui bouillonnoit autour
De mon cœur, qui estoit son fidele sejour,
Comme vin escumé sa puissance r'abaisse.
 Maintenant je resemble au vieil cheval guerrier,
Qui souloit couronner son maistre de Laurier :
Quand il oit la trompette, il est d'ardeur espris,
 Et courageux en vain se pousse en la carriere ;
Mais, en lieu de courir, demeure seul derrière,
Et r'apporte au logis la honte pour le pris.

DEUX SONNETS POSTHUMES
À HÉLÈNE

107

Que je serois marry si tu m'avois donné
Le loyer qu'un Amant demande à sa Maistresse !
Alors que tout mon sang bouillonnoit de jeunesse,
Tous mes desirs estoient de m'en veoir guerdonné.

Maintenant que mon poil est du tout grisonné,
J'abhorre en y pensant moy-mesme et ma fadesse,
Qui servis si long temps pour un bien qui se laisse
Pourrir en un sepulchre, aux vers abandonné.

Enchanté* je servis une vieille carcasse,
Un squelette seiché, une impudente face,
Une qui n'a plaisir qu'en amoureux transi.

Bonne la loy de Cypre, où la fille au rivage,
Embrassant un chacun, gaignoit son mariage,
Sans laisser tant languir un amant en souci.

108

Vous, ruisseaux, vous, rochers, vous, antres solitaires,
Vous, chesnes, heritiers du silence des bois,
Entendez les souspirs de ma derniere vois,
Et de mon testament soyez presents notaires.

Soyez de mon mal-heur fideles secretaires,
Gravez-le en vostre escorce, afin que tous les mois
Il croisse comme vous ; cependant je m'en vois
Là-bas, privé de sens, de veines, et d'arteres.

Je meurs pour la rigueur d'une fiere beauté,
Qui vit sans foy, sans loy, amour ne loyauté,
Qui me succe le sang comme un tygre sauvage.
  Adieu, forests, adieu ! adieu le verd sejour
De vos arbres, heureux pour ne cognoistre Amour
Ny sa mere, qui tourne en fureur le plus sage.

109

DIALOGUE DE L'AUTEUR
ET DU MONDAIN

  Est-ce tant que la Mort ? est-ce si grand mal-heur
Que le vulgaire croit ? Comme l'heure premiere
Nous faict naistre sans peine, ainsi l'heure derniere,
Qui acheve la trame, arrive sans douleur.
  Mais tu ne seras plus ? Et puis, quand la paleur
Qui blesmist nostre corps, sans chaleur ne lumiere,
Nous perd le sentiment ! quand la main filandiere
Nous oste le desir, perdans nostre chaleur !
  Tu ne mangeras plus ? Je n'auray plus envie
De boire ne manger : c'est le corps qui sa vie
Par la viande allonge, et par refection.
  L'esprit n'en a besoin. Venus, qui nous appelle
Aux plaisirs, te fuira ? Je n'auray soucy d'elle :
Qui ne desire plus, n'a plus d'affection.

110

Je n'ay plus que les os, un squelette je semble,
Decharné, denervé, demusclé, depoulpé,
Que le trait de la Mort sans pardon a frappé :
Je n'ose voir mes bras que de peur je ne tremble.

Apollon et son filz, deux grans maistres ensemble,
Ne me sçauroient guerir ; leur mestier m'a trompé.
Adieu, plaisant Soleil ! mon œil est estoupé,
Mon corps s'en va descendre où tout se desassemble.

Quel amy me voyant en ce point despouillé
Ne remporte au logis un œil triste et mouillé,
Me consolant au lict et me baisant la face,

En essuiant mes yeux par la Mort endormis ?
Adieu, chers compaignons, adieu, mes chers amis !
Je m'en vay le premier vous preparer la place.

111

Meschantes Nuicts d'hyver, Nuicts, filles de Cocyte*,
Que la Terre engendra, d'Encelade* les seurs,
Serpentes d'Alecton*, et fureur des fureurs,
N'approchez de mon lict, ou bien tournez plus vite.

Que fait tant le Soleil au gyron d'Amphytrite ?
Leve-toy, je languis accablé de douleurs ;
Mais ne pouvoir dormir, c'est bien de mes malheurs
Le plus grand, qui ma vie et chagrine et despite.

Seize heures pour le moins je meur les yeux ouvers,
Me tournant, me virant de droit et de travers,
Sus l'un, sus l'autre flanc ; je tempeste, je crie,
    Inquiet je ne puis en un lieu me tenir,
J'appelle en vain le Jour, et la Mort je supplie,
Mais elle fait la sourde et ne veut pas venir.

112

Donne-moy tes presens en ces jours que la Brume*
Fait les plus courts de l'an, ou de ton rameau teint
Dans le ruisseau d'Oubly dessus mon front espreint,
Endor mes pauvres yeux, mes gouttes et mon rhume.
    Misericorde, ô Dieu ! ô Dieu, ne me consume
A faulte de dormir ; plustost sois-je contreint
De me voir par la peste ou par la fievre esteint,
Qui mon sang deseché dans mes veines allume.
    Heureux, cent fois heureux, animaux qui dormez
Demy an en voz trous, soubs la terre enfermez,
Sans manger du pavot qui tous les sens assomme !
    J'en ay mangé, j'ay beu de son just oublieux,
En salade, cuit, cru, et toutesfois le Somme
Ne vient par sa froideur s'asseoir dessus mes yeux.

113

Ah ! longues Nuicts d'hyver, de ma vie bourrelles,
Donnez-moy patience, et me laissez dormir !
Vostre nom seulement et suer et fremir
Me fait par tout le corps, tant vous m'estes cruelles.

Le Sommeil tant soit peu n'esvente de ses ailes
Mes yeux tousjours ouvers, et ne puis affermir
Paupiere sur paupiere, et ne fais que gemir,
Souffrant comme Ixion* des peines eternelles.
　Vieille umbre de la terre, ainçois* l'umbre d'Enfer,
Tu m'as ouvert les yeux d'une chaisne de fer,
Me consumant au lict, navré de mille pointes :
　Pour chasser mes douleurs ameine moy la Mort.
Hà ! Mort, le port commun, des hommes le confort,
Viens enterrer mes maux, je t'en prie à mains jointes !

114

　Quoy ! mon ame, dors-tu engourdie en ta masse ?
La trompette a sonné, serre bagage, et va
Le chemin deserté, que Jesus-Christ trouva,
Quand tout mouillé de sang racheta nostre race.
　C'est un chemin facheux, borné de peu d'espace,
Tracé de peu de gens, que la ronce pava,
Où le chardon poignant ses testes esleva ;
Pren courage pourtant, et ne quitte la place.
　N'appose point la main à la mansine*, apres
Pour ficher ta charüe au milieu des guerets,
Retournant coup sur coup en arriere ta vüe :
　Il ne faut commencer, ou du tout s'emploier,
Il ne faut point mener, puis laisser la charüe ;
Qui laisse son mestier, n'est digne du loier.

115

　Il faut laisser maisons et vergers et jardins,
Vaisselles et vaisseaux que l'artisan burine,

Et chanter son obseque en la façon du Cygne,
Qui chante son trespas sur les bords Mæandrins.
    C'est fait, j'ay devidé le cours de mes destins,
J'ay vescu, j'ay rendu mon nom assez insigne,
Ma plume vole au Ciel pour estre quelque signe,
Loins des appas mondains qui trompent les plus fins.
    Heureux qui ne fut onc, plus heureux qui retourne
En rien comme il estoit, plus heureux qui sejourne,
D'homme fait nouvel ange, aupres de Jesus-Christ,
    Laissant pourrir çà-bas sa despouille de boüe,
Dont le Sort, la Fortune, et le Destin se joüe,
Franc des liens du corps pour n'estre qu'un esprit.

116

À SON ÂME

Amelette Ronsardelette,
Mignonnelette, doucelette,
Tres-chere hostesse de mon corps,
Tu descens là-bas foiblelette,
Pasle, maigrelette, seulette,
Dans le froid royaume des mors ;
Toutesfois simple, sans remors
De meurtre, poison, ou rancune,
Méprisant faveurs et tresors
Tant enviez par la commune.
Passant, j'ay dit : suy ta fortune,
Ne trouble mon repos, je dors.

117

ÉLÉGIE SUR
LA MORT DE NARCISSE

À JEAN DAURAT

son précepteur

Sus ! dépan, mon Daurat, de son croc ta musette,
Qui durant tout l'hyver avoit esté muette,
Et loin du populace allons ouyr la vois
De dix mille oiselets qui se plaignent és bois.
Ja des monts contre-val les tiedes neiges chéent,
Ja les ouvertes fleurs par les campaignes béent,
Ja l'espineux rosier desplie ses boutons
Au lever du Soleil, qui semblent aux tetons
Des filles de quinze ans, quand le sein leur pommelle,
Et s'eleve bossé d'une enfleure jumelle.
    Ja la mer gist couchée en son grand lit espars,
Ja Zephyre murmure, et ja, de toutes pars
Calfeutrant son vaisseau, le nocher hait le sable,
Le pastoureau le feu, et le troupeau l'estable,
Qui desire dés l'aube aller brouter les prez
Costoyez des ruisseaux aux Naiades sacrez.
    Ja l'arbre de Bacchus rampe en sa robbe neuve,

Se pend à ses chévreaux, et ja la forest veuve
Herisse sa perruque, et Cerés du ciel voit
Desja crester le blé qui couronner la doit.
Ja pres du verd buisson, sur les herbes nouvelles,
Tournassent leurs fuseaux les gayes pastourelles,
Et d'un long lerelot, aux forests d'alentour,
Et aux prochaines eaux racontent leur amour.

Ceste belle saison me remet en memoire
Le Printemps où Jason espoinçonné de gloire,
Esleut la fleur de Grece, et de son aviron
Baloya, le premier, de Tethys* le giron :
Et me remet encor la meurtriere fontaine
Par qui le beau Narcis aima son ombre vaine,
Coulpable de sa mort, car pour trop se mirer
Sur le bord estranger, luy convint expirer.

Une fontaine estoit nette, claire et sans bourbe,
Enceinte à l'environ d'un beau rivage courbe
Tout bigarré d'esmail : là le rosier pourpré,
Le glayeul, et le lis, à Junon consacré,
A l'envi respiroyent une suave haleine,
Et la fleur d'Adonis, jadis la douce peine
De la belle Venus, qui chetif ne sçavoit
Que le Destin si tost aux rives le devoit,
Pour estre le butin des vierges curieuses
A remplir leurs cofins des moissons amoureuses.

Nulle Nymphe voisine ou bœuf ou pastoureau,
Ny du haut d'un buisson la cheute d'un rameau,
Ny sangler embourbé n'avoyent son eau troublée.

Or'* le Soleil avoit sa chaleur redoublée,
Quand Narcisse aux beaux yeux, pantoisement lassé
Du chaud, et d'avoir trop aux montaignes chassé,
Vint là pour estancher la soif qui le tourmente.
Mais las ! en l'estanchant une autre luy augmente,
Car en beuvant à front, son semblant apperceut
Sur l'eau representé, qui fraudé le deceut.

Helas ! que feroit-il, puis que la destinée

234

Luy avoit au berceau ceste mort ordonnée ?
En vain son ombre il aime, et, simple d'esprit, croit
Que ce soit un vray corps, de son ombre qu'il voit,
Et, sans avoir raison, sottement il s'affolle,
Regardant pour-neant une menteuse idole.
Il admire soy-mesme, et, sur le bord fiché,
Bée en vain dessus l'eau, par les yeux attaché.

Il contemple son poil, qui, renversé, se couche
A rebours sur sa face, il voit sa belle bouche,
Il voit ses yeux ardents, plus clairs que le Soleil,
Et le lustre rosin de son beau teint vermeil.
Il regarde ses doigts et sa main merveillable,
Et tout ce dont il est luy-mesmes admirable.

Il se prise, il s'estime, et, de luy-mesme aimé,
Allume en l'eau le feu dont il est consumé.
Il ne sçait ce qu'il voit, et de ce qu'il ignore
Le desir trop goulu tout le cœur le devore,
Las ! et le mesme abus, qui l'incite à se voir,
Luy nourrist l'esperance, et le fait decevoir.
Quantes-fois pour-neant, de sa lévre approchée,
Voulut toucher son ombre, et ne l'a point touchée ?
Quantes-fois pour-neant, de soy-mesmes épris,
En l'eau s'est voulu prendre, et ne s'est jamais pris ?

Leve, credule enfant, tes yeux, et ne regarde
En vain, comme tu fais, une idole fuyarde.
Ce que tu quiers, n'est point ; si tu verses parmi
L'onde un pleur seulement, tu perdras ton ami :
Il n'a rien propre à soy, l'image presentée
Que tu vois dedans l'eau, tu l'as seul apportée,
Et la remporteras avecques toy aussi,
Si tu peux sans mourir te remporter d'ici.

Ny faim, ny froid, ny chaud, ny de dormir l'envie
Ne peurent retirer sa miserable vie
Hors de l'eau mensongere, ains*, couché sur le bord,
Ne fait que souspirer sous les traits de la Mort,
Ne, sans tourner ailleurs sa simple fantasie,

De trop se regarder ses yeux ne ressasie,
Et par eux se consume. A la fin, s'elevant
Un petit hors de l'eau, tend ses bras en avant
Aux forests d'alentour, et plein de pitié grande,
D'une voix casse et lente, en plourant leur demande :
   « Qui, dites moy, forests, fut onques amoureux
Si miserablement que moy, sot malheureux ?
Hé ! vistes-vous jamais, bien que soyez agées
D'une infinité d'ans, amours si enragées ?
Vous le sçavez, forests, car mainte et mainte fois
Vous avez recelé les amans sous vos bois.
   Ce que je voy me plaist, et si je n'ay puissance,
Tant je suis desastré, d'en avoir jouyssance,
Ny tant soit peu baiser la bouche que je voy,
Qui, ce semble, me baise, et s'approche de moy.
   Mais ce qui plus me deult, c'est qu'une dure porte,
Qu'un roc, qu'une forest, qu'une muraille forte
Ne nous separe point, seulement un peu d'eau
Me garde de jouyr d'un visage si beau.
   Quiconque sois, enfant, sors de l'eau, je te prie.
Quel plaisir y prens-tu ? ici l'herbe est fleurie,
Ici la torte vigne, à l'orme s'assemblant,
De tous costez espand un ombrage tremblant.
Ici le verd lierre, et la tendrette mousse
Font la rive sembler plus que le sommeil douce. »
   A peine il avoit dit, quand un pleur redoublé,
Qui coula dedans l'eau, son plaisir a troublé :
« Où fuis-tu ? disoit-il ; celuy qui te supplie,
Ny sa jeune beauté, n'est digne qu'on le fuye.
Las ! demeure ; où fuis-tu ? les Nymphes de ces bois
Ne m'ont point desdaigné, ny celle qui la vois
Fait retentir és monts d'une complainte lente,
Et si n'ont point jouy du fruit de leur attente,
   Car alors de l'amour mon cœur n'estoit espoint,
Pour aimer maintenant ce qui ne m'aime point.
Las ! tu me nourrissois tantost d'une esperance.

236

En l'onde tu tenois la mesme contenance
Que baissé je tenois ; si mes bras je pliois,
Tu me pliois les tiens ; moy riant, tu riois,
Et, autant que mon œil, de pleurs, faisoit espandre,
Le tien, d'autre costé, autant m'en venoit rendre.
    Si je faisois du chef un clin tant seulement,
Un autre clin ton chef faisoit egalement,
Et si, parlant, j'ouvrois ma bouchette vermeille,
Tu parlois, mais ta voix ne frappoit mon oreille.
    Je cognois maintenant l'effet de mon erreur,
Je suis mesme celuy qui me mets en fureur,
Je suis mesmes celuy, celuy mesmes que j'aime,
Rien je ne voy dans l'eau que l'ombre de moy-mesme.
Que feray-je, chetif ? priray-je, ou si je doy
Moy-mesme estre prié ? je porte avecques moy
Et l'amant et l'aimé, et ne sçaurois tant faire,
Las ! que de l'un des deux je me puisse desfaire.
    Mais seray-je tousjours couché dessus le bord
Comme un froid simulachre, en attendant la mort ?
O bien-heureuse Mort, haste toy je te prie,
Et me tranche d'un coup et l'amour et la vie,
A fin qu'avecques moy je voye aussi perir,
Si c'est quelque plaisir, ce qui me fait mourir. »
    Il avoit achevé, quand du front goute à goute
Une lente sueur aux talons luy degoute,
Et se consume ainsi que fait la cire au feu,
Ou la neige de mars, qui lente peu à peu
S'escoule sur les monts de Thrace ou d'Arcadie,
Des rayons incertains du Soleil attiedie.
    Si bien que de Narcis qui fut jadis si beau,
Qui plus que laict caillé avoit blanche la peau,
Qui de front, d'yeux, de bouche, et de tout le visage
Resembloit le portrait d'une Adonine image,
Ne resta seulement qu'une petite fleur
Qui d'un jaune safran emprunta la couleur,
Laquelle, n'oubliant sa naissance premiere,

Suit encore aujourd'huy la rive fontainiere,
Et tousjours, pres des eaux, apparoist au Printemps,
Que le vent qui tout soufle, abat en peu de temps,
Aux arbres la Nature a permis longue vie :
Ceste fleur du matin ou du soir est ravie.
Ainsi l'ordre le veut et la Necessité,
Qui dès le premier jour de la nativité
Allonge ou raccourcist nos fuseaux, et nous donne
Non ce que nous voulons, mais cela qu'elle ordonne.

118

ÉLÉGIE
SUR LA MORT D'ADONIS

(...) Au cry de son amy, la pauvre amante vint,
Qui plus qu'un marbre froid toute froide devint ;
Elle s'esvanouyt, puis, estant revenue,
Frappe la tendre chair de sa poitrine nue,
S'arrache les cheveux, tesmoins de son mechef,
Et de vilain fumier des-honore son chef.
   Tenant en son giron l'amoureuse despouille,
L'eschaufe de soupirs, de ses larmes la mouille,
Lamente, pleure, crie, et grosse de soucy,
En regardant le mort, faisoit sa plainte ainsi :
   « Donque, ma chere vie, apres tant de delices,
Tant de plaisirs receus, tant de douces blandices,
Apres t'avoir nommé mon cœur et tout mon bien,
Faut-il qu'en t'embrassant je n'embrasse plus rien
Qu'un rien, à qui la Mort, des beautez envieuse,
A fait baigner les yeux en l'onde Stygieuse* !
   Las ! si tu m'eusses creu, tu n'eusses assailly
Un plus fort ; au besoin mon conseil t'a failly.

238

La rose fuit ta lévre, et au tour de ta bouche
Ne vit plus ton baiser ; toutefois je la touche,
Morte je la rebaise, et sentir tu ne puis
Ny mon baiser ny moy, mes pleurs ny mes ennuis.
  Helas ! pauvre Adonis, tous les Amours te pleurent,
Par ta mort, Adonis, toutes delices meurent ! (...)

  Las, helas ! tu es mort, tu es mort, Adonis !
Tu me laisses au cœur des regrets infinis.
Mes plaisirs, mes esbats, avec ta mort languissent,
Et, pour ne mourir point, mes douleurs ne finissent.
  Furieuse d'esprit, criant à haute vois,
Je veux eschevellée errer parmy les bois,
Pieds nuds, estomac nud ; je veux que ma poitrine
Se laisse esgrafiner à toute dure espine,
Je veux que les chardons me deschirent la peau.
  Folle, je veux grimper sur le haut du coupeau*
De ce prochain rocher, et folle de pensée,
Me jetter dedans l'onde à teste renversée,
Pour conter aux poissons et aux fleuves le tort
Que la Parque m'a fait par ta fascheuse mort (...)
Allez, laissez moy seule, allez, douces compaignes,
Allez et racontez aux plus sourdes montaignes,
Que mort en mon giron j'embrasse mon amy,
Qui ne resemble un mort, mais un homme endormy
Qu'encores le sommeil ne commence qu'à poindre
Dites leur que d'odeurs son corps ne se peut oindre.
Mes odeurs, mes parfums sont à terre espandus,
Venus ne sent plus rien, tous mes jeux sont perdus,
Mes danses ont pris fin, mes plus douces liesses
Se tournent par sa mort en ameres tristesses,
Mon ris en desconfort, mon plaisir en malheur,
Et rien ne vit en moy que la mesme douleur.
  Helas ! pauvre Adonis, tous les Amours te pleurent,
Car, avecques ta mort, toutes delices meurent ! (...)

O trois fois bien-aimé, esleve un peu tes yeux,
Chasse un peu de ton chef le somme oblivieux,
Afin que ma douleur à ton oreille vienne,
Et que je mette encor ma lévre sur la tienne,
T'embrassant en mon sein pour la derniere fois,
Car là-bas aux enfers, Adonis, tu t'en-vois !
Pour le dernier adieu baise-moy, je te prie.
Autant que ton baiser encores a de vie,
Baise moy pour adieu ; ton haleine viendra
Dans ma bouche, et de là, dans le cœur descendra,
Puis jusqu'au fond de l'ame, à fin que, d'âge en âge,
Je conserve en mon sein cest amoureux bruvage,
Qu'en tes lévres baisant d'un long trait, je boiray.
Humant je le boiray, et puis je l'envoiray
Pour le mettre en ta place au fond de ma poitrine,
Car de toy desormais jouïra Proserpine. »
Ainsi disoit Venus, qui sa lévre approchant
Sur les lévres du mort, pleurante alloit cherchant
Les reliques de l'ame, et les humoit en elle,
Afin de leur servir d'une tombe eternelle,
Les baignoit de ses pleurs, et d'une haute vois
Remplissoit les rochers, les rives et les bois,
S'esgratignoit la jouë, et, attainte de rage,
Se rompoit les cheveux, et plomboit son visage.
Luy, tournant vers le ciel les yeux, fist un souspir,
Puis, pressé de la mort, il se laisse assoupir (...)

(*Adonis*,
dédié à M. de Fictes.)

119

LA MORT
DU DAUPHIN FRANÇOIS

(...) Ce Monarque François, François premier du nom,
Nourrisson de Phœbus, des Muses le mignon,
Qui dessous sa royale et auguste figure
Cachoit avec Pithon* les Graces et Mercure,
Qui sçavoit les secrets de la terre et des Cieux,
Veit, ainsi que Priam, devant ses propres yeux
(Hé ! qui pourroit du Ciel corrompre l'influance ?)
Enterrer ses enfans en leur premiere enfance.

Il veit, car il estoit dans le Ciel ordonné,
Trespasser à Tournon son premier fils aisné,
Qui de nom et de fait resembloit à son pere,
A qui jà la Fortune heureusement prospere
Sourioit d'un bon œil, et jà dedans son sein
Comme son cher enfant l'appastoit de sa main.

A peine un blond duvet commençoit à s'estendre
Sur son jeune menton, que la mort le vint prendre,
Ordonnant pour son pere un camp où tous les nerfs
De la Gaule tiroient : les champs estoient couverts
D'hommes et de chevaux ; bref, où la France armée
Toute dedans un ost se voyoit enfermée.

Il eut pour son sepulchre un millier d'estandars,
De bouclairs, de cheveux, de larmes de soldars ;
Le Rosne le pleura, et la Saone endormie ;
Mesme de l'Espagnol l'arrogance ennemie
Pleura ce jeune Prince ; et le pere, outrageux
Contre sa propre teste, arracha ses cheveux,
Il arracha sa barbe, et de telle despouille
Couvrit son cher enfant. Ah ! fatale quenouille,
Parque, tu monstres bien que ta cruelle main
Ne se donne souci du pauvre genre humain !

Ainsi jeune et vaillant, au printemps de ta vie,
Tu mourus, Germaniq' ! quand ta mere Livie,
En lieu de recevoir un triomphe nouveau,
O cruauté du Ciel ! ne receut qu'un tombeau.
   Trois jours devant sa fin je vins à son service ;
Mon malheur me permeit qu'au lict mort je le veisse,
Non comme un homme mort, mais comme un
                                    [endormy,
Ou comme un beau bouton qui se panche à demy,
Languissant, en avril, alors que la tempeste
Jalouse de son teint luy aggrave la teste,
Et luy chargeant le col le fanist contre-bas,
Ensemble prenant vie avecques le trespas.
   Je vy son corps ouvrir, osant mes yeux repaistre
Des poumons et du cœur et du sang de mon maistre.
Tel sembloit Adonis sur la place estendu,
Apres que tout son sang du corps fut respandu (...)

(Le Tombeau de Marguerite de France.)

120

SUR LA MORT DE CHARLES IX

   Si le grain de froment ne se pourrist en terre,
Il ne sçauroit porter ny fueille ny bon fruit :
De la corruption la naissance se suit,
Et comme deux anneaux l'un et l'autre s'enserre.
   Le Chrestien endormi sous le tombeau de pierre
Doit revestir son corps en despit de la nuit ;
Il doit suivre son Christ, qui la mort a destruit,
Premier victorieux d'une si forte guerre.

Il vit assis là-haut, trionfant de la Mort ;
Il a veincu Satan, les Enfers et leur Fort,
Et a fait que la Mort n'est plus rien qu'un passage,
    Qui ne doit aux Chrestiens se monstrer odieux,
Par lequel est passé Charles volant aux Cieux,
Prenant pour luy le gain, nous laissant le dommage.

IV. La mort des humains

TROIS ODES SUR LA MORT

121

ODE À GASPARD D'AUVERGNE

Puis que la Mort ne doit tarder
Que pronte vers moy ne parvienne,
Trop humain suis pour me garder
Qu'espouvanté ne m'en souvienne,
Et qu'en memoire ne me vienne
Le cours des heures incerténes,
Gaspar, qui aux bords de Vienne
As rebasti Rome et Athénes.

En vain l'on fuit la mer qui sonne
Contre les goufres, ou la guerre,
Ou les vents mal-sains de l'autonne
Qui soufflent la peste en la terre,
Puis que la Mort qui nous enterre
Jeunes nous tue, et nous conduit
Avant le temps au lac qui erre
Par le royaume de la Nuit.

L'avaricieuse Nature,
Et les trois Sœurs filans la vie,
Se deulent quand la creature
Dure long temps, portant envie
Au corps, si tost il ne devie ;
Le creant rose du printemps,
A qui la naissance est ravie
Et la grace tout en un temps (...)

Bien-tost sous les ombres, Gaspar,
La Mort nous guidera subite ;
N'or ni argent de telle part
Ne font que l'homme resuscite ;
Diane son cher Hippolyte
N'en tire hors, ains* gist parmy
La troupe, où Thesé se despite
Qu'il n'en peut r'avoir son amy.

L'homme ne peut fuir au monde
Le certain de sa destinée,
Le marinier craint la fiere onde,
Le soldat la guerre obstinée,
Et n'ont peur de voir terminée
Leur vie sinon en tels lieux,
Mais une Mort inopinée
Leur a toujours fermé les yeux (...)

122

Celuy qui est mort aujourdhuy
Est aussi bien mort que celuy
Qui mourut aux jours du Deluge :
Autant vaut aller le premier,

Que de sejourner le dernier
Devant le parquet du grand Juge.

Incontinent que l'homme est mort,
Ou jamais ou long temps il dort
Au creux d'une tombe enfouye,
Sans plus parler, ouyr ne voir :
Hé ! quel bien sçauroit-on avoir
En perdant les yeux et l'ouye ?

Or l'ame, selon le bien-fait
Qu'hostesse du corps elle a fait,
Monte au Ciel, sa maison natale ;
Mais le corps, nourriture à vers,
Dissoult de veines et de nerfs,
N'est plus qu'une ombre sepulcrale.

Il n'a plus esprit ny raison,
Emboiture ne liaison,
Artere, poux, ny veine tendre,
Cheveul en teste ne luy tient,
Et qui plus est, ne luy souvient
D'avoir jadis aimé Cassandre.

La mort ne desire plus rien.
Donc ce-pendant que j'ay le bien
De desirer vif, je demande
Estre tousjours sain et dispos,
Puis quand je n'auray que les os,
La reste à Dieu je recommande (...)

Quand je dors, je ne sens rien,
Je ne sens ne mal ne bien,
Je ne sçaurois rien cognoistre,
Je ne sçay ce que je suis,
Ce que je fus, et ne puis
Sçavoir ce que je dois estre.

J'ay perdu le souvenir
Du passé, de l'avenir ;
Je ne suis que vaine masse
De bronze en homme gravé,
Ou quelque terme eslevé
Pour parade en une place.

Toutefois je suis vivant,
Repoussant mes flancs de vent,
Et si pers toute memoire ;
Voyez donc que je seray
Quand mort je reposeray
Au fond de la tombe noire !

L'ame volant d'un plein saut,
A Dieu s'en-ira là haut
Avecque luy se resoudre ;
Mais ce mien corps enterré,
Sillé d'un somme ferré,
Ne sera plus rien que poudre.

HYMNE DE LA MORT

À LOUIS DES MASURES

(...) Je veux aller chercher quelque source sacrée
D'un ruisseau non touché, qui murmurant s'enfuit
Dedans un beau vergier, loin de gens et de bruit,
Source, que le Soleil n'aura jamais cognue,
Que les oiseaux du Ciel, de leur bouche cornue,
N'auront jamais souillée, et où les pastoureaux
N'auront jamais conduit les pieds de leurs taureaux.
Je boiray tout mon saoul de ceste onde pucelle,
Et puis je chanteray quelque chanson nouvelle,
Dont les accords seront, peut-estre, si tres-dous,
Que les siecles voudront les redire apres nous,
Et, suivant mon esprit, à nul des vieux antiques,
Larron, je ne devray mes chansons poëtiques,
Car il me plaist pour toy de faire ici ramer
Mes propres avirons dessus ma propre mer,
Et de voler au Ciel par une voye estrange,
Te chantant de la Mort la non-dite louange.
    C'est une grand' Déesse, et qui merite bien
Mes vers, puis qu'elle fait aux hommes tant de bien.
Quand elle ne feroit que nous oster des peines,
Et hors de tant de maux dont nos vies sont pleines,
Sans nous rejoindre à Dieu, nostre souv'rain Seigneur,
Encore elle nous fait trop de bien et d'honneur,
Et la devons nommer nostre mere amiable.
Où est l'homme çà-bas, s'il n'est bien miserable
Et lourd d'entendement, qui ne vueille estre hors
De l'humaine prison de ce terrestre corps ?
    Ainsi qu'un prisonnier qui, jour et nuict, endure
Les manicles* aux mains, aux pieds la chaisne dure,

Se doit bien resjouïr à l'heure qu'il se voit
Delivré de prison, ainsi l'homme se doit
Resjouir grandement, quand la Mort luy deslie
Le lien qui serroit sa miserable vie,
Pour vivre en liberté. Car on ne sçauroit voir
Rien çà-bas, qui ne soit, par naturel devoir,
Esclave de labeur : non seulement nous hommes,
Qui vrais enfans de peine et de misere sommes,
Mais le Soleil, la Lune et les Astres de Cieux
Font avecques travail leur tour laborieux.
La mer, avec travail, deux fois le jour chemine ;
La terre, tout ainsi qu'une femme en gesine
Qui, pleine de douleur, met au jour ses enfans,
Ses fruits avec travail nous produit tous les ans.
Ainsi Dieu l'a voulu, à fin que seul il vive
Affranchi du labeur, qui la race chetive
Des humains va rongeant de soucis langoureux.
    Pource l'homme est bien sot, ainçois* bien mal-
Qui a peur de mourir, et mesmement à l'heure [heureux
Qu'il ne peut resister que soudain il ne meure.
Se mocqueroit-on pas de quelque combatant,
Qui, dans le camp entré, s'iroit espouvantant,
Ayant, sans coup ruer, le cœur plus froid que glace,
Voyant tant seulement de l'ennemi la face ?
Puis qu'il faut au marchant sur la mer voyager,
Est-ce pas le meilleur, sans suivre le danger,
Retourner en sa terre et revoir son rivage ?
Puis qu'on est resolu d'accomplir un voyage,
Est-ce pas le meilleur de bien-tost mettre fin,
Pour regaigner l'hostel, aux labeurs du chemin,
De ce chemin mondain, qui est dur et penible,
Espineux, raboteux et fascheux au possible,
Maintenant large et long, et maintenant estroit,
Où celuy de la Mort est un chemin tout droit,
Si certain à tenir, que ceux qui ne voyent goute,
Sans fourvoyer d'un pas, n'en faillent point la route ? (...)

Beaucoup, ne sçachans point qu'ils sont enfans de
Pleurent avant partir, et s'attristent au lieu   [Dieu,
De chanter hautement le pean de victoire,
Et pensent que la Mort soit quelque beste noire,
Qui les viendra manger, et que dix mille vers
Rongeront de leurs corps les os tout descouvers,
Et leur test, qui doit estre en un coin solitaire
L'effroyable ornement d'un ombreux cimetaire.
Chetif, apres la mort le corps ne sent plus rien.
En vain tu es peureux, il ne sent mal, ny bien (...)
    Où plus elle n'endure avec son Dieu là-haut
Ny peine, ny souci, ny froidure, ny chaud,
Procés, ny maladie ; ains*, de tout mal exempte,
De siecle en siecle vit, bien-heureuse et contente,
Aupres de son facteur, non plus se renfermant
En quelque corps nouveau, ou bien se transformant
En estoile, ou vagant par l'air dans les nuages,
Ou voletant çà-bas dans les deserts sauvages
Comme beaucoup ont creu, mais en toute saison
Demourant dans le Ciel, son antique maison,
Pour contempler de Dieu l'eternelle puissance,
Les Démons*, les Héros et l'Angelique essence,
Les Astres, le Soleil, et le merveilleux tour
De la voûte du Ciel qui nous cerne à l'entour,
Se contentant de voir dessous elle les nues,
La grand' mer ondoyante, et les terres cognues (...)
    O gracieuse Mort ! si, pour la fois seconde,
Abandonnoit le Ciel, et revenoit au monde.
Aussi dans ton lien tu ne la peux avoir
Qu'un coup, bien que ta main estende son pouvoir
En cent mille façons sur toute chose née,
Car, naissans, nous mourons : telle est la destinée
Des corps sujets à toy, qui tiens tout, qui prens tout,
Qui n'as en ton pouvoir certaine fin ne bout ;
Et ne fust de Venus l'ame generative,
Qui tes fautes repare, et rend la forme vive,

Le monde periroit, mais son germe en refait
Autant de son costé, que ton dard en desfait.

   Que ta puissance, ô Mort, est grande et admirable !
Rien au monde par toy ne se dit perdurable,
Mais, tout ainsi que l'onde aval des ruisseaux fuit
Le pressant coulement de l'autre qui la suit,
Ainsi le temps se coule, et le present fait place
Au futur importun, qui les talons luy trace.
Ce qui fut, se refait ; tout coule, comme une eau,
Et rien dessous le Ciel ne se voit de nouveau,
Mais la forme se change en une autre nouvelle,
Et ce changement-là, Vivre, au monde s'appelle,
Et Mourir, quand la forme en une autre s'en-va.
Ainsi, avec Venus, la Nature trouva
Moyen de r'animer, par longs et divers changes,
La matiere restant, tout cela que tu manges ;
Mais nostre ame immortelle est tousjours en un lieu,
Au change non sujette, assise aupres de Dieu,
Citoyenne à jamais de la ville etherée,
Qu'elle avoit si long temps en ce corps desirée.

   Je te salue, heureuse et profitable Mort,
Des extremes douleurs, medecin et confort.
Quand mon heure viendra, Déesse, je te prie,
Ne me laisse longtemps languir en maladie,
Tourmenté dans un lict ; mais puis qu'il faut mourir,
Donne-moy que soudain je te puisse encourir,
Ou pour l'honneur de Dieu, ou pour servir mon Prince,
Navré d'une grand' playe au bord de ma province.

QUATRE SONNETS
SUR LA MORT DE MARIE

125

Comme on voit sur la branche au mois de may la rose,
En sa belle jeunesse, en sa premiere fleur,
Rendre le ciel jaloux de sa vive couleur,
Quand l'Aube de ses pleurs au poinct du jour l'arrose ;
  La grace dans sa fueille, et l'amour se repose,
Embasmant les jardins et les arbres d'odeur ;
Mais batue ou de pluye, ou d'excessive ardeur,
Languissante elle meurt, fueille à fueille déclose.
  Ainsi en ta premiere et jeune nouveauté,
Quand la Terre et le Ciel honoraient ta beauté,
La Parque t'a tuee, et cendre tu reposes.
  Pour obseques reçoy mes larmes et mes pleurs,
Ce vase plein de laict, ce panier plein de fleurs,
Afin que vif et mort ton corps ne soit que roses.

126

DIALOGUE
DU PASSANT ET DU GÉNIE

PASSANT

Veu que ce marbre enserre un corps qui fut plus beau
Que celuy de Narcisse, ou celuy de Clitie*,

252

Je suis esmerveillé qu'une fleur n'est sortie,
Comme elle feit d'Ajax*, du creux de ce tombeau.

GENIE

L'ardeur qui reste encore, et vit en ce flambeau,
Ard* la terre d'amour, qui si bien a sentie
La flame, qu'en brazier elle s'est convertie,
Et seiche ne peut rien produire de nouveau.

Mais si Ronsard vouloit sur sa Marie espandre
Des pleurs pour l'arrouser, soudain l'humide cendre
Une fleur du sepulchre enfanteroit au jour.

PASSANT

A la cendre on cognoist combien vive estoit forte
La beauté de ce corps, quand mesmes estant morte
Elle enflame la terre et la tombe d'amour.

127

Ha ! Mort, en quel estat maintenant tu me changes !
Pour enrichir le Ciel tu m'as seul apauvry,
Me desrobant les yeux desquels j'estois nourry,
Qui nourrissent là hault les astres et les anges.

Entre pleurs et souspirs, entre pensers estranges,
Entre le desespoir tout confus et marry,
Du monde et de moy-mesme et d'Amour je me ry,
N'ayant autre plaisir qu'à chanter tes louanges.

Helas ! tu n'es pas morte, hé ! c'est moy qui le suis.
L'homme est bien trépassé, qui ne vit que d'ennuis,
Et des maux qui me font une eternelle guerre.

Le partage est mal fait : tu possedes les cieux,
Et je n'ay, mal-heureux, pour ma part que la terre,
Les soupirs en la bouche, et les larmes aux yeux.

Quand je pense à ce jour, où je la vy si belle
Toute flamber d'amour, d'honneur et de vertu,
Le regret, comme un traict mortellement pointu,
Me traverse le cœur d'une playe eternelle.

Alors que j'esperois la bonne grace d'elle,
Amour a mon espoir par la mort combatu ;
La mort a son beau corps d'un cercueil revestu,
Dont j'esperois la paix de ma longue querelle*.

Amour, tu es enfant inconstant et leger ;
Monde, tu es trompeur, pipeur et mensonger,
Decevant d'un chacun l'attente et le courage.

Malheureux qui se fie en l'Amour et en toy !
Tous deux comme la mer vous n'avez point de foy
La mer tousjours parjure, Amour tousjours volage.

129

ÉLÉGIE SUR LA MORT
D'UN CAMARADE

EN FORME D'ÉPITAPHE D'ANTOINE
CHÂTAIGNIER DE LA ROCHE-POSAY

Si quelquefois le dueil, et les grieves tristesses
    Ont poingt le cœur des plus grandes Déesses ;
Si quelquefois Thetis* pour son fils larmoya
    Lors que Pâris aux Enfers l'envoya ;
Sepulchrale Elegie, à ceste heure lamente,
    Et de grans coups ta poitrine tourmente.

Ah ! larmeuse Déesse, ah ! vrayment or-endroit,
  Tu auras nom Elegie à bon droit.
Ce sonneur de tes vers, ce Chateigner, ta gloire,
  A passé mort outre la rive noire ;
Ce docte Chateigner, qui d'un vers qui couloit
  Plus doux que miel, loüanger te souloit.
Voici l'enfant Amour qui porte despecée
  Par grand despit sa trousse renversée,
Porte son arc rompu et sa torche sans feu :
  Leve tes yeux et le regarde un peu
Comme il vole tout morne, et d'une main courbée
  Noircist de coups sa poitrine plombée !
N'ois-tu ses dolens cris, et ses tristes sanglos
  Sonner menu en sa poitrine enclos ?
Voy d'autre part le Jeu et les Muses pleurantes,
  Et de despit les trois Graces errantes
Comme folles crier, et Venus, sans confort,
  Toute pleureuse injurier la Mort.
Puis nous sommes nommez des Dieux les interpretes,
  Leur cher souci, et leurs sacrez Poëtes !
O beaux noms sans profit ! ô tiltres par trop vains !
  Puis que la Mort souille à l'egal ses mains
Dedans le sang sacré des saints Poëtes, comme
  Elle les souille au sang d'un vilain homme !
Car vertu ny sçavoir ne nous retarde pas,
  Ny pieté, un seul jour du trespas (...)
Helas ! cher compagnon ! et que ne fut ma vie
  Avecque toy d'un mesme coup ravie ?
Pourquoy ne suis-je mort, helas ! avecques toy ?
  Quel fier destin fut envieux sur moy ?
Je fusse mort heureux d'un mesme coup à l'heure,
  Où maintenant il convient que je meure
Mille fois sans mourir, tant me tourmente fort
  Le souvenir de ta piteuse mort.
Las ! Parque, falloit-il trencher encor la trame,
  Et d'un plombet* par force chasser l'ame

De celuy qui n'avoit vingt ans encor atteint ?
    Et comme peut son estomac, enceint
De tant de feux d'amour, souffrir en sa poitrine
    Un autre feu, que celuy de Cyprine* ? (...)
Mais las ! que dy-je, las ! son ame est bien-heureuse
    D'avoir quitté sa vesture boüeuse
Pour s'en-voler au Ciel, sans pratiquer ici
    Plus longuement la peine et le souci.
Heureux vrayment celuy qui jeune d'ans s'en-volle,
    Fraudant les haims* de ceste vie folle,
Qui tousjours nous abuse, et d'un espoir trop vain
    Nous va pipant tousjours du lendemain.
Et toy, pere vieillard de l'enfant que je pleure,
    Resjouy toy de ton fils à ceste heure,
Car, bien qu'il ne soit mort en plus meure saison
    Dessous le toict de ta propre maison ;
Bien qu'il soit entombé d'une pierre estrangere,
    Et que la main de sa piteuse mere
A l'heure du trespas ne luy ait clos les yeux,
    Et qu'en blasmant la cruauté des Dieux
N'ait cueilli de sa lévre à l'entour de sa bouche
    L'ame fuyante, et que dessus sa couche
Ses sœurs aux crins espars, et ses freres pleurans
    N'ayent versé des œillets bien-fleurans,
N'ayent versé des lis avec des roses franches,
    Et du cyprés les mortuaires branches ;
Pourtant, pere vieillard, pren quelque reconfort,
    Et d'un vain pleur ne trempe point sa mort.
Celuy ne meurt trop tost, n'eust-il que vingt ans d'âge,
    Qui meurt au flot du Martial orage,
Ainsi qu'a fait ton fils, pour son Roy bataillant :
    Tell' mort convient à tout homme vaillant,
Et non mourir au lict, ou dans la maison, comme
    Quelque pucelle, ou quelque coüard homme.
Celuy n'est point tué qui meurt honnestement,
    Tenant au poing la pique bravement,

256

Pour sauver sa patrie, et qui voudroit attendre
   Cent morts plustost qu'à l'ennemi se rendre.
Ton fils n'attendit point que le rempart fust pris,
   Mais, et de gloire et de vaillance épris,
Dés le premier assaut occist un port' enseigne ;
   Et, comme sa despouille il levoit pour enseigne
De sa jeune vertu, un coup de plomb, helas !
   Sur le rempart avança son trespas,
Outre-navrant sa gorge, et, pour l'honneur de France,
   Dessus la fleur de sa premiere enfance
Mourut à Teroanne, et me laissa de luy
   Au fond de l'ame un eternel ennuy,
Qui rongeard m'accompagne, et me tient imprimée
   Tousjours au cœur sa face trop aimée.
Adieu, chere ame, adieu en eternel adieu !
   Soit que l'oubli te serre en son milieu
Dans les champs Elysez, ou soit que sur la nüe
   Tu sois heureuse entre les Dieux venüe,
Souvienne toy de moy, et, dans un pré fleury
   Te promenant avec mon Lignery,
Parle tousjours de moy ; soit que la matinée
   Ait d'Orient la clairté r'amenée,
Soit qu'il face Midi, ou soit que le Soleil
   Dans l'Ocean se devalle au sommeil,
Parle tousjours de moy ; de moy par les rivages,
   Par les deserts des roches plus sauvages,
Entre les bois myrtez, ou dans un antre coy,
   Soir et matin parle tousjours de moy.
Que ton luth babillard autre chant ne caquete
   Sinon mes vers, et de moy ton Poëte,
Qui vit en dueil pour toy, souvienne toy là-bas ;
   Et pres de toy, apres le mien trespas,
Sur l'herbe aupres de toy, ou sus la rive mole,
   Garde moy place aupres de ton idole,
A fin que mesme place ensemble nous ayons,
   Et vifs et morts ensemble nous soyons.

Je veux sans plus cela ; car, si j'estois Achille,
  Je meurtriroy sur ta fosse cent mille
Espagnols tes meurtriers, et te feroy des jeux,
  Que d'an en an nos plus tardifs neveux
Devots celebreroyent et d'escrime et de course,
  Où pres Posé l'Inde allonge sa source.
Mais pour-autant, Ami, qu'Achille je ne suis,
  Et que par sang vanger je ne te puis,
Pren, pren, chere ame, pren le plus de ma puissance,
  Et par mes vers, pren des ans la vengeance.
Reçoy, mon cher Patrocle, au milieu de ce pré
  Ce neuf autel à ton nom consacré,
Qu'humble je te dedie avecque ce lierre,
  Et ce ruisseau qui par neuf fois l'enserre.
Dessus quatre gazons, sur ton vuide tombeau
  J'espan du laict, j'espan du vin nouveau,
Me meurtrissant de coups, et, couché sur ta lame,
  Par trois grans cris j'appelle en vain ton ame.
Comme Achille à Patrocle, je te tons mes cheveux
  Que dés long temps j'avois promis en vœux
A mon fleuve du Loir, si j'eusse par ma peine
  Conduit Francus au rivage de Seine,
Qui depuis s'orgueillit de l'honneur de son nom,
  Et qui se vante encor de mon renom.
Mais voilà mes cheveux, pren-les, je te les coupe ;
  Et, tout ainsi qu'enclos en ceste coupe
Je les mets pres les tiens, puissent en doux repos
  Aupres les tiens estre logez mes os.

130

DISCOURS AMOUREUX
DE GENÈVRE

ÉLÉGIE

(...) Il me plaist de nouveau mon dueil te descouvrir,
Bien que d'un si beau mal je ne vueille guarir.
   Six ans sont ja passez qu'Amour conceut envie
Dessus la liberté nourrice de ma vie,
Et pour me rendre serve à luy qui peut oster
Le feu le plus ardant des mains de Jupiter,
Me desroba le cœur, et me fit amoureuse
D'un Amant dont j'estois contente et bienheureuse,
Que seul j'avois choisi si sage et si parfait,
Qu'à la belle Cyprine* il eust bien satisfait.
   Il aimoit la vertu, il abhorroit le vice,
Il aimoit tout honneste et gentil exercice,
Il joüoit à la paume, il balloit, il chantoit,
Et le luth doucement de ses doigts retentoit*.
Il sçavoit la vertu des herbes et des plantes,
Il cognoissoit du Ciel les sept flames errantes,
Leurs tours et leurs retours, leur soir et leur matin,
Et de là predisoit aux hommes le destin.
   De Nature la grace en tout il avoit euë,
L'Eloquence en la bouche, et l'Amour en la veuë :
Et quand en luy le Ciel n'eust poussé mon desir,
Encor pour sa vertu je le devois choisir.
   L'espace de cinq ans nous avons prins ensemble
Les plaisirs que jeunesse en deux amans assemble,
Et ne se peut trouver ny jeu ny passetemps,
Dont Amour n'ait rendu nos jeunes ans contens.
   Venus ne garde point tant de douces blandices,
Tant de baisers mignards, tant d'amoureux delices

En ses vergers de Cypre à Mars son bien cheri,
Soit veillant en ses bras, soit au lit endormi,
Que mon amant et moy, esbatant nos jeunesses,
Avons pris de plaisirs, d'esbats et de liesses.
Seul il estoit mon cœur, seule j'estois le sien,
Seul il estoit mon tout, seule j'estois son bien,
Seul mon ame il estoit, seule j'estois la sienne,
Et d'autre volonté il n'avoit que la mienne.
    Or, sans avoir debat en esbats si plaisans,
Nous avions ja passé l'espace de six ans,
Quand la cruelle Mort, ingrate et odieuse,
Fut (malice du Ciel !) sur nostre aise envieuse.
    Ceste cruelle Mort, franche d'affection,
Qui jamais ne logea pitié ny passion,
Qui n'a ny sang ny cœur ny oreille ny veuë,
Dure comme un rocher que la marine esmeuë
Bat au bord Caspien, me blessa de sa faulx,
Plus que le trait d'Amour qui commença mes maux,
Me rendant, comme fiere, execrable et inique,
(Je meurs en y pensant !) mon amant hydropique.
    De jour en jour coulant sa force s'escouloit ;
Sa premiere beauté sans grace s'en-alloit
Comme une jeune fleur sur la branche seichée,
Ou la neige d'hyver du premier chaud touchée,
Que le foible Soleil distile peu à peu,
Ou comme fait la cire à la chaleur du feu.
    Helas ! qu'eussé-je fait ! Si ceste Parque fiere,
Qui ne se peut flechir par humaine priere,
M'eust voulu pour victime, et si en m'assommant
Elle eust voulu sauver la vie à un amant,
Je me fusse estimée une vraye amoureuse
D'acheter par ma mort une ame si heureuse !
Mais ceste vieille sourde, ingrate à mon desir,
Ne le voulut jamais, ainçois* tout à loisir,
Pour plus me martyrer et me rendre abusée,
De jour en jour tiroit le fil de sa fusée.

Je n'eusse pas souffert qu'on se fust approché
Du miserable lict où il estoit couché,
Ou que sa propre sœur d'un naturel office
Luy eust touché la main, ou luy eust fait service :
Seule je le traitois sans secours d'estranger,
Car sans plus de ma main vouloit boire et manger.

Ainsi, de tristes pleurs la face ayant mouillée,
Ny de nuict ny de jour sans estre despouillée,
J'estois pres de son lict pour luy donner confort,
Et pour voir si l'Amour pourroit veincre la Mort.

Or, le jour qu'Atropos*, qui nos toiles entame,
Avoit tout devidé les filets de sa trame,
Me voyant souspirer, gemir et tourmenter,
Me tordre les cheveux, crier et lamenter,
Debile r'enforça sa voix à demi-morte,
Et me tournant les yeux me dist en telle sorte :

« Mon cœur, ma chere vie, appaise tes douleurs,
Je me deuls de ton mal, et non dequoy je meurs ;
Car je meurs bien content, puis que mourant je laisse
Mon ame entre les bras de si chere maistresse.
Je m'en-vois bien-heureux aux rives d'Acheron,
Heureux, puis qu'en mourant je meurs en ton giron,
Ma lévre sur la tienne, et tenant embrassée
La Dame que la mort n'oste de ma pensée.

Seulement je me plains et lamente dequoy,
Mourant entre tes bras, tu lamentes pour moy.

Appaise ta douleur, Maistresse, je te prie,
Appaise toy, mon cœur, appaise toy, ma vie.
Si trespassant on doit sa Dame supplier,
Par tes cheveux dorez qui me peurent lier,
Je te prie et supplie, et par ta belle bouche,
Et par ta belle main qui jusqu'au cœur me touche,
Qu'encore apres ma mort tu me vueilles aimer,
Et dedans mon tombeau nos amours enfermer.

Ou bien, si ta jeunesse encore fresche et tendre
Veut apres mon trespas nouveau serviteur prendre,

Au moins je te suppli' de vouloir bien choisir,
Et jamais en un sot ne mettre ton desir,
A fin qu'un jeune fat à mon bien ne succede,
Ains un ami gaillard en mon lieu te possede.

  Que je serois marri, si aux enfers là bas
Quelqu'un me venoit dire apres ce mien trespas :
« Celle qui fut là haut ton cœur et ta pensée,
Qu'avecq' si grand travail tu as si bien dressée,
Aime un sot maintenant ! » ce despit me seroit
Plus grief que les tormens que Pluton me feroit.

  Or adieu ! je m'en-vois aux rives amoureuses,
Compagnon du troupeau des ames bien-heureuses,
Dessous la grand' forest des myrtes ombrageux,
Que l'orage cruel ny les vents outrageux
N'éfueillent tous les ans, où sans cesse souspire
Par les vermeilles fleurs le gracieux Zephyre.
Là, portant sur le chef des roses en tout temps,
Et dedans mon giron les moissons du Printemps,
Couché dessous le bois à la frescheur de l'ombre,
J'iray pour augmenter des amoureux le nombre,
Comme bien asseuré que les gentils esprits,
Qui jadis ont aimé, ne m'auront à mespris,
Pres d'eux me feront place, et si pense, Madame,
Qu'ils n'auront point là bas une plus gentille ame.

  Mais las ! puis que mon corps, qui t'a si bien aimé,
Sera tantost sans forme en poudre consumé,
Pour souvenance au-moins garde bien ma peinture
Où sont tirez au vif les traits de ma figure :
La voyant, tu pourras de moy te souvenir,
Et souvent dans ton sein cherement la tenir.

  Et luy diras : « Peinture, ombre de ce visage
Qui mort et consumé encores me soulage,
Que tu m'es douce et chere, ayant perdu l'espoir,
Si ce n'est par la mort, de jamais te revoir !

  O beau visage feint, feinte teste qui portes
Encor les aiguillons et les flammeches mortes

De ma premiere ardeur, ton faux m'est gracieux,
Et seulement de toy se repaissent mes yeux. »
    Ainsi tu parleras, ayant quelque memoire
De moy qui vais loger dedans la fosse noire,
Et qui rien au tombeau n'emporte avecques moy
Que le doux souvenir que j'emporte de toy. »
    Tels ou semblables mots d'une bouche mourante
Me disoit mon ami, et moy toute pleurante,
D'un cœur triste et serré, rebaisant mille fois
Sa jeune face aimée, ainsi luy respondois :
    « Mon tout, je ne verray si tost finir ta vie,
Que ta vie ne soit de la mienne suivie,
Soit qu'elle aille aux enfers, soit qu'elle aille là haut,
Mourant je la suivray, car certes il ne faut,
Que la fascheuse Mort en un jour desassemble
Deux corps qui ont vescu si longuement ensemble
En parfaite concorde et en parfaite amour.
    Il faut que nous mourions tous deux en mesme jour,
Et qu'ensemble courions une mesme avanture,
Et que soyons couverts de mesme sepulture.
Si tost que ta chaleur en froideur se mu'ra,
L'excessive douleur au dedans me tu'ra
Ou bien, s'elle ne peut, d'un couteau tout sur l'heure
Je perceray mon cœur, à celle fin qu'il meure.
Ainsi de mesme playe aux ombres s'en iront
L'esprit et la douleur, qui mon cœur desli'ront,
A fin qu'apres ta mort morte je puisse suivre
    Toy, de qui la beauté m'a fait mourir et vivre. »
Ce-pendant de ma bouche errante j'engardois
Que l'ame ne sortist de la sienne, et tardois
L'esprit qui bouillonnoit sur la lévre au passage,
Sur son palle visage appuyant mon visage,
Pressant d'un long baiser sa bouche, à celle fin
Que par un doux baiser j'allongeasse sa fin.
    Luy, tirant un souspir, sur ma face s'encline,
Et son chef lentement tomba sur ma poitrine,

Laissant pendre ses bras, puis il me dit ainsi :
    « Mon sang, mon cœur, mes yeux, mon amoureux
Tu ne dois desloger de ceste vie humaine   [souci,
Sans le congé de Dieu ; pource demeure saine,
Vivante apres ma mort, et de ce mortel lieu
Ne bouge, je te pri, sans le vouloir de Dieu.
    Je descens le premier où le Destin m'envoye
Te preparer là-bas et la place et la voye ;
Et si apres la mort il reste rien de nous,
Je jure par tes yeux qui me furent si dous,
Que l'oubli ne perdra la chere souvenance
Que j'ay de ton amour, et tousjours ma semblance,
En tous temps, en tous lieux, à toy viendra parler,
Et viendra sans frayeur ton esprit consoler ;
Et si je ne reviens fantosme veritable,
Tu croiras que l'Enfer n'est sinon qu'une fable.
    Helas, il ne l'est pas ! et pource toute nuict
En dormant je seray le Démon de ton lict ;
De jour, accompaignant ton corps en toute place,
Comme un petit oiseau j'iray devant ta face,
Je voleray sur toy, te contant les esbas,
Les jeux et les plaisirs que je prendray là-bas,
Si j'en reçoy quelcun ; mais je ne sçaurois croire
Qu'on prenne grand plaisir sous la tombe si noire. »
    Finissant ces propos, il devint froid et blanc,
Vomissant de sa bouche un grand ruisseau de sang.
« Voilà, dit-il, ma vie en son sang consumée,
Qui t'a depuis six ans si cherement aimée :
Pren-la, je te la donne. » A-peine il acheva,
Que l'esprit amoureux sous les myrtes s'en-va.
Il tombe en mon giron sans pouls et sans parole,
Et pour son corps aimé ne resta que l'idole.
    Qui pourroit raconter l'ennuy que je receu,
Quand desur mon giron tout froid je l'apperceu ?
Mes sanglots au partir ne peurent trouver place,
J'arrachay mes cheveux, j'esgratignay ma face,

Je baignay de mes pleurs son visage et son sein,
Nommant tousjours son nom, et l'appellant en vain.
Apres avoir pressé de mes doigts ses paupieres,
Et dit desur son chef les paroles dernieres,
Ayant le cœur veincu de regret et d'ennuy,
Souspirant aigrement, je me pasmay sur luy (...)

131

ÉPITAPHE
DE JEAN DE LA PÉRUSE

Angoumois

Las ! tu dois à ce coup, chetive Tragedie,
            Laisser tes graves jeux,
Laisser ta scene vuide, et, contre toy hardie,
            Te tordre les cheveux ;

Et de la mesme voix dont tu aigris les Princes
            Tombez en desconfort,
Tu dois bien annoncer aux estranges provinces
            Que La Peruse est mort.

Cours donc eschevelée, et dy que La Peruse
            Est mort, et qu'aujourd'huy
Le second ornement de la tragique Muse
            Est mort avecque luy ;

Mais non pas mort ainsi qu'il faisoit en sa scene,
            Apres mille debas,
Les Princes et les Rois mourir d'une mort vaine,
            Qui morts ne mouroyent pas :

Car un dormir de fer luy sille la paupiere
        D'un eternel sommeil,
Et jamais ne verra la plaisante lumiere
        De nostre beau Soleil (...)

Or, adieu donc, ami ! aux Ombres, dans la sale
        De ce cruel Pluton,
Tu joües maintenant la fable de Tantale*
        Ou du pauvre Ixion* ;

Et tu as ici-haut laissé ta scene vuide
        De tragiques douleurs,
Laquelle autant sur toy que dessus Euripide
        Verse un ruisseau de pleurs.

Tousjours sur le printemps la vigne et le lierre
        D'un refrisé rameau
Rampent pour ta couronne au plus haut de la pierre
        Qui te sert de tombeau.

132

ÉPITAPHE
DE JEAN DE BRINON

L'OMBRE PARLE

La Mort m'a clôs dans ce tombeau,
Qui fus en mon vivant plus beau
Que Narcisse, et par-avanture,
Passant, ébaï tu seras,
Quand de mon corps tu ne verras
Une fleur sus ma sepulture.

La térre qui presse à l'entour
Mes os, ardans de mon amour,
A laissé dans soy-mesme cuire
Toute son humeur, et n'a peu,
Comme seche de trop de feu,
De mon corps une fleur produire.

Or' donq', Passant, arrose-la
Et verse deçà et delà
Tes larmes sus elle, et peut-estre
Qu'elle, arrosée de ton pleur,
Soudain quelque nouvelle fleur
Du corps de Brinon fera naistre.

133

ÉPITAPHE
D'ARTUSE DE VERNON

dame de Teligny

Cy gist, qui le croira ? une morte fontaine,
Une fontaine, non, mais une belle Fée,
Artuse, qui laissa sa belle robe humaine
Sous terre, pour revoir dans le Ciel son Alphée.

Artuse, non, je faux, c'est toy, Nymphe Arethuse*,
Qui de tes claires eaux la source as fait tarir,
Et tarissant n'y eut ny Charite* ny Muse
Qui ne pleurast, voyant ta fontaine perir.

Et rompant leurs cheveux frapperent leurs poitrines
Sur le haut d'Helicon* languissantes d'esmoy,

Et maudissoient le jour qu'elles furent divines,
Pour ne sçavoir mourir de douleur comme toy.

Les Muses te vantoient la plus docte de France,
Les Charites chantoient ta simple honnesteté ;
Mais tout cela se passe, et vient en decadence
Comme neige au Soleil, ou comme fleur d'Esté.

L'onde qui distilloit de ta divine source,
T'advertissoit assez que tu devois aller
Aussi tost dans le Ciel, que tu voyois ta course
Parmy les prez mondains soudainement couler.

Or tu es morte, Nymphe, et rien en ceste terre
Ne nous reste de toy, sinon le vain tombeau,
Ah ! trop ingrat tombeau, qui froidement enserre
Cela qui n'est plus rien et fut jadis si beau !

Adieu, belle Arethuse, ou soit que tu demeures
Dedans le ciel là-haut, franche de nos liens,
Soit que tu sois là-bas aux plaisantes demeures
Des vergers fleurissans aux champs Elysiens ;

Reçoy ces beaux œillets, reçoy ces roses pleines
De mes pleurs, dont je viens ta tombe couronner ;
Les lis et les œillets sont les dons qu'aux fontaines,
Comme autrefois tu fus, un passant doit donner.

ÉPITAPHE
D'ADRIEN TURNÈBE

Je sçay chanter l'honneur d'une riviere,
Mais quand je suis sur le bord de la mer,
Pour la louër, la voyant escumer
En sa grandeur si profonde et si fiere,
    Du cœur s'enfuit mon audace premiere,
Pres de tant d'eau, qui me peut abysmer ;
Ainsi, voulant Turnebe r'animer,
Je suis veincu, ayant trop de matiere.
    Comme la mer, sa loüange est sans rive,
Sans bord son los, qui luist comme un flambeau ;
D'un si grand homme il ne faut qu'on escrive :
    Sans nos escrits son nom est assez beau ;
Les bouts du monde où le Soleil arrive,
Grans comme luy, luy servent de tombeau.

SIZAIN

POUR LES CŒURS
DE MESSIEURS DE L'AUBESPINE

Passant, trois cœurs en deux sont enterrez ici :
Les deux sont desjà morts, l'autre vit en souci,
Qui, demi-mort, sa vie et soy-mesme desdaigne.
Or, comme ces trois cœurs en vivant n'estoyent qu'un,
C'est raison qu'à tous trois un tombeau soit commun,
A fin que le cœur vif les cœurs morts accompaigne.

ÉPITAPHE POUR LUI-MÊME

Ronsard repose icy, qui hardy dés enfance
Détourna d'Helicon* les Muses en la France,
Suivant le son du Luth et les traits d'Apollon ;
Mais peu valut sa Muse encontre l'eguillon
De la Mort, qui cruelle en ce tombeau l'enserre :
Son ame soit à Dieu, son corps soit à la terre.

137

ODE DE L'ÉLECTION
DE SON SÉPULCRE

Antres, et vous, fontaines
De ces roches hautaines
Qui tombez contre-bas
    D'un glissant pas,

Et vous, forests et ondes
Par ces prez vagabondes,
Et vous, rives et bois,
    Oyez ma vois.

Quand le Ciel et mon heure
Jugeront que je meure,
Ravy du beau sejour
    Du commun jour,

Je defens qu'on ne rompe
Le marbre pour la pompe
De vouloir mon tombeau
    Bastir plus beau ;

Mais bien je veux qu'un arbre
M'ombrage en lieu d'un marbre,
Arbre qui soit couvert
    Tousjours de vert.

De moy puisse la terre
Engendrer un lierre,
M'embrassant en maint tour
    Tout à l'entour,

Et la vigne tortisse
Mon sepulcre embellisse,
Faisant de toutes pars
    Un ombre espars (...)

138

ODE À SA MUSE

Plus dur que fer j'ay finy cest ouvrage,
Que l'an dispos à demener les pas,
Que l'eau rongearde, ou des freres* la rage,
Qui rompent tout, ne ru'ront point à bas.
Le mesme jour que le dernier trespas
M'assoupira d'un somme dur, à l'heure
Sous le tombeau tout Ronsard n'ira pas,
Restant de luy la part qui est meilleure.

Tousjours tousjours, sans que jamais je meure,
Je voleray tout vif par l'Univers,
Eternisant les champs où je demeure
De mes Lauriers honorez et couvers,
Pour avoir joint les deux harpeurs divers
Au doux babil de ma lyre d'yvoire,
Qui se sont faits Vandomois par mes vers.

Sus donque, Muse ! emporte au ciel la gloire
Que j'ay gaignée, annonçant la victoire
Dont à bon droit je me voy jouyssant,
Et de Ronsard consacre la memoire,
Ornant son front d'un Laurier verdissant.

DOSSIER

CHRONOLOGIE

Vie et œuvres de Ronsard		Événements historiques
Mariage de Louis de Ronsard et de Jeanne Chaudrier.	1515	Avènement de François Ier, bataille de Marignan, naissance de Pierre Ramus, de Pierre Lescot et de Jean Goujon.
	1516	Concordat de Bologne : le roi se réserve l'attribution des bénéfices ecclésiastiques. Thomas More écrit son *Utopie*, publiée à Paris.
	1517	Naissance de Peletier du Mans.
	1519	Charles Quint élu empereur contre François Ier. Naissance du futur Henri II et de Catherine de Médicis, mort de Léonard de Vinci à Amboise. Guillaume Budé offre à François Ier le manuscrit de l'*Institution du Prince.*
	1520	Entrevue du Camp du drap d'or. Naissance de Goudimel (?).
	1521	Naissance de Pontus de Tyard, mort de Josquin des Prés.
	1522	Naissance de Joachim Du Bellay.
Naissance de Pierre de Ronsard au château de la Possonnière.	1524	Premiers placards luthériens à Meaux. Début des tensions religieuses, Érasme publie contre Luther son *Traité du libre arbitre.*

Vie et œuvres de Ronsard	Événements historiques
	1525 Défaite de Pavie, François Ier prisonnier.
Louis de Ronsard accompagne les enfants royaux dans leur captivité espagnole à titre de maître d'hôtel.	1526 Traité de Madrid. François Ier doit remettre les enfants royaux en otage. Naissance de Muret.
	1527 Naissance de Tahureau.
	1528 Naissance de Remi Belleau. Seconde offensive de placards.
	1529 Thomas More chancelier d'Angleterre. Publication des *Commentarii linguae graecae* par Guillaume Budé. Mort de Balthazar Castiglione.
Louis de Ronsard revenu de captivité reprend ses fonctions à la Cour.	1530 Naissance de Claude Le Jeune (?). Création des lecteurs royaux par François Ier.
	1531 Naissance de Guillaume Costeley.
	1532 Naissance d'Antoine de Baïf, de Jodelle et de Roland de Lassus. Publication de *L'Adolescence clémentine* de Marot et du *Pantagruel* de Rabelais. Publication du *De philologia* et du *De studio litterarum* de Guillaume Budé.
Ronsard passe un semestre au collège de Navarre.	1533 Mariage de Henri de France avec Catherine de Médicis. Publication lyonnaise du *Plato latinus* de Ficin ; réédition des œuvres de Villon par Marot ; troisième édition du *De occulta philosophia* de Corneille Agrippa, pourvue d'un *Appendice de Rétractation*. Troisième offensive de placards. Naissance de Montaigne.
Séjour de Ronsard à la Possonnière.	1534 Élection du pape réformiste Paul III. Révolution des anabaptistes en Allemagne, rup-

	ture de Henri VIII avec Rome. Quatrième offensive de placards à Paris, Amboise, Orléans, Blois, Rouen.
	1535 Condamnation à mort et exécution de Thomas More. Cinquième offensive de placards à Paris et Rouen. Marot se réfugie à la Cour de Ferrare. Publication du *De transitu hellenismi ad christianismum* de Budé et du *Gargantua* de Rabelais.
Ronsard rejoint son père aux armées, il assiste à la mort et à l'autopsie du dauphin François.	1536 Reprise des hostilités ; François Ier en Provence : en son absence, le cardinal Jean Du Bellay lieutenant général. Alliance avec le roi Jacques V d'Écosse, à qui il donne en mariage la princesse Madeleine de France. Mort d'Érasme.
Ronsard, page de Charles d'Orléans, fait le voyage d'Écosse avec lui pour accompagner la princesse Madeleine.	1537 Publication de la traduction française du *Courtisan* de Balthazar Castiglione, et de la traduction de l'*Électre* de Sophocle par Lazare de Baïf. Mort de Madeleine de France.
Retour de Ronsard en France après la mort de Madeleine, suivi d'un second voyage en Écosse.	1538 Jacques V épouse une autre princesse française : Marie de Lorraine, fille de Claude de Guise.
Ronsard accompagne Lazare de Baïf à la diète de Haguenau. Maladie et débuts de surdité.	1540 Rabelais accompagne Guillaume Du Bellay au Piémont. Édition française de l'*Amadis de Gaule*. Naissance de Brantôme, mort de Guillaume Budé.
Convalescence dans le Vendômois.	1541 Mort de Jean Clouet et de Paracelse. Publication des *Psaumes*

279

		de Marot, de la version française de *L'Institution chrétienne* de Calvin, et édition parisienne des œuvres complètes de Marsile Ficin.
Ronsard écrit ses premiers vers. Son père voudrait le persuader de suivre les cours de la faculté de décrets de l'université de Paris.	1542	Entré en guerre contre Henri VIII, Jacques V est défait à Solway Moss et meurt peu après. Marie de Lorraine régente du royaume, peu de jours après avoir mis au monde une fille : Marie Stuart. *La Parfaite Amie* de Heroët.
Séjour au Mans de Ronsard et de son père à l'occasion des funérailles de Guillaume Du Bellay. Ronsard reçoit la tonsure et fait connaissance de Jacques Peletier du Mans, secrétaire de l'évêque René Du Bellay.	1543	Publication du *De revolutionibus orbium cœlestium* de Copernic et du *De corporis humani fabrica* de Vésale.
Mort de Louis de Ronsard. Pierre s'installe chez Lazare de Baïf, qui l'invite à suivre, avec le jeune Antoine de Baïf, les leçons de grec de Daurat.	1544	Édition italienne du commentaire sur *Le Banquet* de Platon, de Marsile Ficin ; publication de la *Délie* de Maurice Scève. Naissance du futur François II, mort de Marot.
Mort de la mère de Ronsard ; rencontre de Cassandre Salviati à Blois.	1545	Pierre Ramus principal du collège de Presles, Jean Daurat au collège Coqueret. Publication de l'*Art poétique* d'Horace par Peletier du Mans.
Cassandre Salviati épouse Jean de Peigné, seigneur de Pray.	1546	François Ier confie à Pierre Lescot la surintendance des travaux du Louvre et donne une prébende à Amyot. Traductions françaises du *De amore* de Ficin et du *Ion* de Platon. Mort de Luther. Naissance de Desportes. Publication du *Tiers Livre* de Rabelais.

Vie et œuvres de Ronsard		Événements historiques
Rencontre avec Joachim Du Bellay. Mort de Lazare de Baïf. Antoine de Baïf et Ronsard s'installent au collège Coqueret, dont Daurat est principal, et où ils resteront plus de cinq ans. Publication, dans les *Œuvres poétiques* de Peletier du Mans, de la première œuvre imprimée de Ronsard : « L'Ode à Peletier du Mans ».	1547	Mort de Henri VIII et de François Ier. Avènement de Henri II. Publication de poésies de Marguerite de Navarre et de l'*Institution du prince* de Budé (posthume).
	1548	Fiançailles du futur François II et de Marie Stuart. Publication de l'*Art poétique français* de Thomas Sebillet et du *Quart Livre* de Rabelais.
Ronsard participe à l'excursion d'Arcueil des membres du collège Coqueret. Publication de l'*Épithalame d'Antoine de Bourbon,* de l'*Avant-entrée du roi très chrétien à Paris,* de l'*Hymne de France* et de la *Fantaisie à sa dame.*	1549	Mort de Marguerite de Navarre et couronnement de Catherine de Médicis. Publication de la *Défense et illustration* de Joachim Du Bellay et des *Erreurs amoureuses* de Pontus de Tyard. Jean Goujon achève les sculptures de la fontaine des Innocents.
Publication des *Quatre Premiers Livres des Odes,* suivis du premier *Bocage* et précédés d'un sonnet de Du Bellay.	1550	Violentes attaques contre la *Défense et illustration* émanant de dignitaires d'université. Édition définitive de *L'Olive* de Du Bellay ; de l'*Abraham sacrifiant* de Théodore de Bèze. Paix anglo-écossaise, naissance du futur Charles IX.
Discussion orageuse à la Cour entre les partisans de Ronsard et ceux de Mellin de Saint-Gelais.	1551	Alliance de Henri II avec les protestants d'Allemagne ; naissance du futur Henri III. Ramus nommé lecteur royal. Publication des traductions françaises du traité *De l'amour,*

	de Léon l'Hébreu, et du *Timée* de Platon.
Ronsard fréquente Jean de Morel, maître d'hôtel du roi et ancien disciple d'Érasme ; la princesse Marguerite, sœur du roi ; Jean de Brinon, conseiller du roi ; Michel de L'Hospital, le futur chancelier. Publication du premier livre des *Amours,* auquel est joint le cinquième livre des *Odes,* parmi lesquelles figure l'« Ode à Michel de L'Hospital ». (Cette édition est pourvue d'un supplément musical comprenant dix pièces polyphoniques de Certon, Goudimel, Muret et Janequin.)	1552 Publication des *Sonnets de l'honnête amour* de Du Bellay, des *Amours* de Baïf, de l'*Arithmétique* de Peletier du Mans, et du *Solitaire premier, ou Prose des Muses, et de la fureur poétique* de Pontus de Tyard. Naissance d'Agrippa d'Aubigné. Reprise des hostilités, offensive de Henri II qui occupe Toul et Verdun.
Deuxième excursion à Arcueil de la Brigade de Coqueret qui va célébrer à l'antique le succès de Jodelle. Réconciliation de Ronsard et de Mellin de Saint-Gelais, négociée par Michel de L'Hospital. Deuxième édition des *Amours,* suivie du commentaire de Muret et du cinquième livre (augmenté) des *Odes.* Publication sans nom d'auteur du *Livret de folastries.* A l'automne, épidémie de peste à Paris. Ronsard va se réfugier dans une cure de campagne de la région de Meaux dont on lui avait donné la commende.	1553 Victoire de François de Guise devant Metz. Naissance du futur Henri IV. Calvin fait brûler vif le théologien réformé Michel Servet, accusé d'hérésie panthéiste et antitrinitaire. Voyage à Rome de Du Bellay ; mort de Rabelais. Succès de la *Cléopâtre captive* de Jodelle, représentée devant Henri II et sa cour.
Séjour dans le Vendômois ; Ronsard échange sa cure contre une autre, située dans	1554 Mort de La Péruse. Publication du Pseudo-Anacréon par Henri Estienne, des *Gayetez* d'Oli-

Vie et œuvres de Ronsard		Événements historiques
le Maine, par l'intervention du cardinal Jean Du Bellay. Publication du deuxième *Bocage*, très disparate.		vier de Magny et des *Premières poésies* de Tahureau. Tyard, *Erreurs amoureuses augmentées*.
Séjour dans le Chinonais, chez Charles de Pisselieu, abbé commendataire de Bourgueil. Première rencontre avec Marie. Ronsard entreprend *La Franciade*, reçoit une nouvelle prébende qu'il trouve insuffisante, et publie la *Continuation des Amours, Les Hymnes, Les Mélanges* et la troisième édition des *Quatre Premiers Livres des Odes*.	1555	Mort de Tahureau, naissance de Malherbe. Paix d'Augsbourg. Première édition des *Prophéties de Me. Michel Nostradamus* et du *Solitaire second* de Pontus de Tyard ; de l'*Amour de Francine* de Baïf et de l'*Art poétique* de Peletier du Mans ; publication posthume de la *Médée* de La Péruse.
Mort de Claude de Ronsard, frère aîné du poète, qui avait choisi la carrière des armes. Démarches et tracas relatifs à sa succession. Publication de la *Nouvelle continuation des Amours* et du *Second Livre des Hymnes*, dédié à la princesse Marguerite. N'ayant reçu aucune nouvelle prébende depuis plusieurs années, Ronsard abandonne la composition de *La Franciade*.	1556	Abdication de Charles Quint. Son fils Philippe II lui succède en Espagne et son frère Ferdinand en Allemagne. Publication des *Dialogues* de Louis Le Caron, dont le quatrième est intitulé : « Ronsard, ou de la poésie » ; de la traduction en vers par Remi Belleau des *Odes* d'Anacréon suivie des *Petits hymnes de son invention ;* publication posthume de l'*Épitome de l'antiquité des Gaules et de la France* de Guillaume Du Bellay.
Ronsard multiplie les démarches à la Cour pour obtenir de nouveaux bénéfices, et écrit des vers de circonstance qui seront publiés ultérieurement dans *Le Second Livre des Mélanges*. Longs séjours à la Possonnière.	1557	Désastre de Saint-Quentin. Grave crise financière en France, en Espagne et aux Pays-Bas. Remi Belleau prend part à l'expédition de Naples. Naissance de Jacques Mauduit. Publication du *Ciceronianus* de Ramus, des *Dialogues contre les nouveaux académiciens* de Guy de Bruès, et de

283

Vie et œuvres de Ronsard	*Événements historiques*
	L'*Univers, ou discours des parties et de la nature du monde*, de Pontus de Tyard.
La mort de Mellin de Saint-Gelais donne à Ronsard le rang incontesté de prince des poètes à la Cour.	1558 Mort de Charles Quint ; avènement d'Élisabeth d'Angleterre. Échec retentissant de l'*Orphée* de Jodelle ; Du Bellay publie *Les Regrets* et *Les Antiquités de Rome*, Tyard *Mantice, ou discours de la vérité de divination par astrologie*.
Ronsard reçoit la charge d'aumônier ordinaire du roi (qui comporte le contrôle des largesses royales et des établissements charitables du royaume). Nouvelle série de poésies de circonstance. Publication du *Second Livre des Mélanges*, où figurent les « Sonnets amoureux » dédiés à Sinope. Publication posthume du *Verger de musique* de Janequin, préfacé par Baïf.	1559 Paix de Cateau-Cambrésis ; mariage de la princesse Marguerite avec le duc de Savoie ; mort accidentelle de Henri II et avènement du jeune François II. Publication du *Poète courtisan* de Du Bellay, de la traduction des *Vies des hommes illustres* de Plutarque et de *Daphnis et Chloé* par Amyot, de l'*Heptaméron* de Marguerite de Navarre (posthume). Du Bellay écrit, peu avant sa mort, sa *Harangue au peuple français contre la rébellion*.
Première édition globale des *Œuvres* de Ronsard, divisée en quatre tomes : « Amours » (avec des commentaires de Belleau pour le second livre), « Odes », « Poèmes », « Hymnes ». Publication du recueil musical intitulé : le *Livre de Mélanges, contenant six vingts chansons, des plus rares et des plus industrieuses qui se trouvent, soit des auteurs antiques, soit des plus mémorables de notre temps*, précédé d'une préface de Ronsard	1560 Conjuration d'Amboise, mort de François II, avènement de Charles IX et régence de Catherine de Médicis. États Généraux d'Orléans. Guillaume Des Autels publie sa traduction française d'un poème latin de Michel de L'Hospital sur l'art de bien régner. Mort de Du Bellay et de (?) Maurice Scève.

dédiée à François II. Ronsard hérite du canonicat de Saint-Julien-du-Mans dont Du Bellay était titulaire.		
Rencontre de Genèvre. Composition de l'*Institution pour l'adolescence du roi Charles IX* et de l'« Élégie sur le départ de la reine Marie ».	1561	Colloque de Poissy : duel oratoire entre le cardinal de Lorraine et Théodore de Bèze. Départ pour l'Écosse de Marie Stuart. Publication du premier livre des *Recherches de la France* d'Étienne Pasquier.
Séjour dans le Maine. Ronsard doit prendre les armes pour défendre sa cure d'Évaillé contre des détachements armés huguenots. Publication du *Discours des misères de ce temps* (titre recouvrant alors le seul *Discours à la reine*) et de la *Continuation du Discours...* Les protestants multiplient les pamphlets anonymes contre Ronsard.	1562	Massacre de Vassy, première guerre de religion ; bataille de Dreux, défaite de Coligny. Le *Rinaldo* du Tasse ; publication posthume du *Microcosme* de Maurice Scève.
Publication des *Quatre Saisons de l'an, avec une églogue* ; de la *Remontrance au peuple de France* ; de la *Réponse aux injures et calomnies de je ne sais quels prédicants et ministres de Genève* ; et des *Trois Livres du Recueil des nouvelles poésies* (édition postdatée de 1564).	1563	Mort de La Boëtie, assassinat de François de Guise ; paix d'Amboise. Clôture du concile de Trente.
Ronsard compose une *Bergerie* qui sera représentée au cours des fêtes de Fontainebleau. Publication du *Premier livre de chansons à quatre parties*, dans lequel figurent un certain nombre de pièces de Ronsard.	1564	Mort de Michel-Ange et de Calvin, naissance de Shakespeare. Traité franco-anglais de Troyes ; publication posthume du *Cinquième Livre* de Rabelais.
Ronsard est gratifié du prieuré de Saint-Cosme, près de	1565	Conférence de Bayonne entre Catherine de Médicis et le

Tours, où il reçoit, en automne, la visite de la famille royale à l'occasion de laquelle il publie *Les Nues*. Publication des *Élégies, mascarades et bergerie*, dédiées à Élisabeth d'Angleterre, et de l'*Abrégé de l'art poétique français*.	duc d'Albe. Marie Stuart, reine d'Écosse, épouse lord Darnley. Publication du *Traité de la conformité du langage français avec le grec*, de Henri Estienne. Mort de Turnèbe.
Ronsard reçoit le prieuré de Croixval, dans le Vendômois.	1566 Mort de Louise Labé et de (?) Jean Goujon. Rédaction du catéchisme du concile de Trente. Naissance de Jacques Stuart, futur roi d'Écosse et d'Angleterre.
Nouvelle édition des *Œuvres* en six tomes : aux quatre sections de 1560, Ronsard en ajoute deux nouvelles, « Élégies » et « Discours » (cette dernière section comprend l'ensemble des discours politiques). Publication des premiers vers de *La Franciade* dans la deuxième édition de l'Horace de Denis Lambin. Participation de Ronsard au *Tombeau d'Anne de Montmorency*.	1567 Meurtre de Darnley, déposition de Marie Stuart ; en France, deuxième guerre de religion, bataille de Saint-Denis et mort du connétable de Montmorency. Publication du premier des *Météores* de Baïf.
Une longue maladie retient Ronsard à la campagne. Séjours à Saint-Cosme et à Croixval.	1568 Paix de Longjumeau, disgrâce de Michel de L'Hospital. Marie Stuart prisonnière des Anglais. Mort de Heroët. Publication posthume des *Œuvres françaises* de Du Bellay.
Publication du *Sixième* et du *Septième Livre des Poèmes* (suite du classement adopté dans les *Œuvres* à partir de 1560).	1569 Troisième guerre de religion. Le futur Henri III, à la tête des forces royales, bat Condé à Jarnac et Coligny à Moncontour. Daurat écrit un

Vie et œuvres de Ronsard		Événements historiques
		poème latin pour célébrer les victoires royales.
Retour de Ronsard à la Cour après une longue absence. Rencontre d'Hélène de Surgères. Publication de la *Musique de Guillaume Costeley*, qui comprend un certain nombre de pièces de Ronsard.	1570	Fondation par Baïf appuyé par Charles IX de l'Académie de poésie et de musique, qui suscite une grande opposition de la part des dignitaires de l'Université de Paris. Paix de Saint-Germain, qui attribue aux huguenots des places de sûreté. Mort du Primatice et de Philibert de L'Orme.
Ronsard rencontre Roland de Lassus, fêté par Charles IX et les milieux humanistes lors de son passage à Paris. Lassus publie son *Livre de chansons nouvelles à cinq parties* qui contient un certain nombre de pièces de Ronsard. Les *Airs de cour mis sur le luth* d'Adrien Le Roy mettent en musique des poésies de Ronsard, Baïf et Desportes. Troisième édition des *Œuvres*.	1571	Intrigues universitaires au Parlement : multiplication des procédés dilatoires destinés à empêcher l'enregistrement des lettres patentes de l'Académie de musique et de poésie. La bataille de Lépante (où Cervantès est blessé) délivre la Méditerranée du péril turc. Montaigne commence la rédaction des *Essais*.
Publication des quatre premiers livres de *La Franciade* (qui restera inachevée), du *Mélange de cent quarante-huit chansons, tant des vieux auteurs que des modernes, à cinq et à huit parties*, avec une préface de Ronsard et du recueil de *Chansons* de Nicolas de La Grotte.	1572	Mariage d'Henri de Béarn et de Marguerite de Valois. Aux Pays-Bas, révolte des Gueux, soulèvement général contre l'Empire, en France massacre de la Saint-Barthélemy. Parmi les morts : Pierre Ramus et Claude Goudimel, l'un des musiciens de Ronsard. Mort de François Clouet.
Quatrième édition des *Œuvres*. Ronsard et Hélène de Surgères assistent aux fêtes données à la Cour en l'honneur des ambassadeurs de Pologne.	1573	Mort de Michel de L'Hospital. Henri d'Anjou devient roi de Pologne. Desportes, dont il a fait son secrétaire de chancellerie, publie la même année ses *Premières œuvres poétiques*.

		Baïf, *Œuvres en rime ;* Tyard, *De cœlestibus asterismis poematium,* dédié à Ronsard ; Le Tasse, *Aminta,* pastorale. Jodelle meurt dans la misère.
Séjour à la Cour de Vincennes, puis au Louvre, après la mort de Charles IX. Participation au *Tombeau de Charles IX* et *Discours au roi après son retour de Pologne.*	1574	Mort de Charles IX, du cardinal de Lorraine et de Marguerite de Savoie. Henri III s'échappe de Pologne pour se faire proclamer roi de France. Publication des *Étrennes de poésie française en vers mesurés* de Baïf.
Séjours de plus en plus fréquents à Croixval et Saint-Cosme. Publie *Les Étoiles,* dédié à un familier de Henri III, le *Tombeau de Marguerite de France,* les *Étrennes au roi Henri III.* Publication des *Sonnets de P. de Ronsard, mis en musique à cinq, six et sept parties,* par Philippe de Monte.	1575	Deuxième édition des *Premières œuvres poétiques* de Desportes, qui connaissent un énorme succès, et dont les rééditions vont se succéder à un rythme de plus en plus rapide. Fondation de l'Oratoire par saint Philippe de Néri.
Ronsard rejoint la Cour à Blois. Publication des *Mélanges* de Roland de Lassus, des recueils musicaux de Jean de Castro et de Guillaume Boni, qui contiennent des pièces de Ronsard.	1576	Rodolphe II empereur. Il va s'installer à Prague, s'entourer d'astronomes, d'alchimistes et de tableaux de Jérôme Bosch. Pacification des Flandres par la dévastation. En France, paix de Beaulieu, puis formation de la Ligue. Publication posthume du *Contr'un* de La Boëtie.
Ronsard et Hélène de Surgères assistent aux fêtes données par Henri III à Plessis-lez-Tours et Chenonceaux pour célébrer la paix.	1577	Mort de Remi Belleau. Ronsard, Desportes et Amadis Jamyn se retrouvent à ses funérailles.
Cinquième édition des *Œuvres* : les « Sonnets pour Hélène » et la séquence d'Astrée	1578	Don Juan d'Autriche, vainqueur de Lépante, meurt au milieu de son armée décimée

Vie et œuvres de Ronsard		Événements historiques
s'ajoutent aux *Amours* (dont les deux premiers livres sont désormais sous-titrés « Amours de Cassandre » et « Amours de Marie », le second étant augmenté des poèmes « Sur la mort de Marie »). Nouvelle prébende : le prieuré de Saint-Gilles. Publication des *Chansons à quatre voix* d'Antoine de Bertrand (« Amours de Marie ») et des *Poésies de Pierre de Ronsard et autres poètes mis en musique à quatre et cinq parties* de François Regnard.		par une épidémie avant d'avoir pu réaliser son projet d'expédition en Angleterre pour la délivrance de Marie Stuart. Mort de Pierre Lescot.
Publication du *Panégyrique de la renommée*.	1579	
Après deux ans d'absence dans le Midi, Hélène revient à Paris.	1580	Publication des deux premiers livres des *Essais* de Montaigne, et de la *Jérusalem délivrée* du Tasse. Lors de son passage à Ferrare, Montaigne ira peut-être rendre visite au Tasse interné dans une maison de fous.
Ronsard, qui souffre de rhumatismes et de goutte, ne quitte plus ses prieurés que pour de courtes visites à Paris chez son ami Galland, principal du collège de Boncour.	1582	Mort de Peletier du Mans.
Sixième édition des *Œuvres*.	1584	Assassinat de Guillaume d'Orange. En France, agitation politique entretenue par la Ligue.
Dernier séjour de Ronsard à Paris. Il revient malade et meurt à Saint-Cosme le 27 décembre.	1585	Mort de Muret. Débuts de Malherbe.

Vie et œuvres de Ronsard		Événements historiques
Cérémonie funèbre célébrée dans la chapelle du collège Boncour devant une brillante assistance. Oraison funèbre par Du Perron. Publication posthume des *Derniers vers*.	1586	Publication des *Poematia* de Daurat et des *Chansonnettes mesurées* de Baïf.
Édition posthume des *Œuvres*.	1587	Exécution de Marie Stuart.
	1589	Mort d'Antoine de Baïf.

BIBLIOGRAPHIE SOMMAIRE

ÉDITIONS

Paul Laumonier, *Œuvres complètes* (édition critique en 20 vol. qui fournit la leçon princeps de chaque texte, accompagnée des variantes des éditions ultérieures), Société des textes français modernes, Nizet, Paris, 1914-1974 (édition complétée par Raymond Lebègue et Isidore Silver).

Jean Céard, Daniel Ménager et Michel Simonin, *Œuvres complètes* (d'après l'édition de 1584), «Bibliothèque de la Pléiade», 2 vol., Paris, Gallimard, 1993-1994. Cette nouvelle édition remplace celle de Gustave Cohen (2 vol., 1938).

Hugues Vaganay, *Œuvres complètes* (d'après l'édition de 1578), 7 vol., Garnier, Paris, 1923-1924.

Éditions de poche des *Amours* :

Édition présentée par Françoise Joukovsky et établie par Albert-Marie Schmidt, « Poésie/Gallimard », 1974.

Édition présentée par Marc Bensimon, Garnier-Flammarion, 1981.

Cinq hymnes de Ronsard, présentés par Germaine Lafeuille, Droz, Genève, 1973.

INTRODUCTIONS À RONSARD
(postérieures à 1958)

Terence Cave, etc., *Ronsard the Poet,* Londres, 1973.

Michel Dassonville, *Ronsard, étude historique et littéraire,* 4 vol., Droz, Genève, 1968-1985.

Gilbert Gadoffre, *Ronsard,* « Écrivains de toujours », Le Seuil, Paris, 1960, 7ᵉ éd. 1982.

Albert Py, *Ronsard,* « Les Écrivains devant Dieu », Desclée De Brouwer, Paris, 1972.

ÉTUDES GÉNÉRALES

En collaboration : *Lumières de la Pléiade,* Vrin, Paris, 1966.

Marcel Raymond, *L'Influence de Ronsard sur la poésie française (1550-1585),* 2 vol., 1re éd. Champion, Paris, 1927 ; 2e éd. Droz, Genève, 1965.

Marcel Raymond, *Baroque et Renaissance poétique,* Corti, Paris, 1955.

Henri Weber, *La Création poétique au XVIe siècle en France,* Nizet, Paris, 1956.

André Gendre, *Ronsard poète de la conquête amoureuse,* La Baconnière, Neuchâtel, 1970.

Graham Castor, *Pléiade Poetics,* Cambridge, 1964.

Gilbert Gadoffre, *Du Bellay et le sacré,* « Les Essais », Gallimard, Paris, 1978.

Daniel Ménager, *Ronsard, le roi, le poète et les hommes,* Droz, Genève, 1979.

Guy Demerson, *La Mythologie classique dans l'œuvre lyrique de la Pléiade,* Droz, Genève, 1972.

Donald Stone, *Ronsard's Sonnet Cycles,* Yale, 1966.

NOTES

Les chiffres renvoient aux numéros des poèmes, et non aux pages.

Nous reproduisons la dernière version contrôlée par l'auteur, sauf quand nous précisons avoir préféré la version primitive ou celle de 1578.

PREMIÈRE PARTIE : PRINTEMPS

1. ODE DE L'AVANT-VENUE DU PRINTEMPS. 1re éd. : *Quatre Premiers Livres des Odes,* 1550. Pour le commentaire de cette ode, se reporter à l'introduction, p. 19-20.

2. CHANSON EN FAVEUR DE MADEMOISELLE DE LIMEUIL. 1re éd. : *Les Trois Livres du Recueil des nouvelles poésies,* 1564. Isabeau de Limeuil, demoiselle d'honneur et cousine de Catherine de Médicis, était depuis l'année précédente la maîtresse en titre du prince Louis de Condé, chef du parti huguenot, jusqu'au mariage du prince avec Françoise d'Orléans (1565) et son propre mariage avec le riche banquier Scipion Sardini (1567, date où Ronsard supprima la dédicace). Elle compta aussi parmi ses adorateurs le secrétaire d'Etat Robertet de Fresne (voir n° 46) et le mémorialiste Brantôme. Il est probable que c'est elle que Ronsard a chantée dès 1559 dans les « Sonnets amoureux » adressés à Sinope et insérés dans *Le Second Livre des Mélanges* (voir n°s 61 à 63). A partir de 1578, le ressentiment du poète à son égard s'est traduit par la dispersion entre différents recueils des poèmes qui lui étaient dédiés et la disparition de son nom remplacé par celui de Marie.

3. ODE AU BEL AUBÉPIN. 1re éd. : *Nouvelle continuation des Amours,* 1556.

4. ODE À L'ALOUETTE. 1re éd. : *Les Mélanges* de 1555.

5. AVANT-ENTRÉE DU ROI HENRI II. 1re éd. en plaquette en 1549 ; réimprimé dans *Le Bocage* de 1550. Pièce retranchée à partir de 1555. Ecrit à l'occasion de l'entrée solennelle de Henri II à Paris le 16 juin 1549.

6. SUR LA NAISSANCE DU DUC DE BEAUMONT. 1re éd. : *Amours* de 1552. Pièce de circonstance à l'occasion de la naissance (21 septembre 1551) du fils du duc de Vendôme, suzerain des seigneurs de la Possonnière.

7. SONNET À CASSANDRE. 1re éd. : *Amours* de 1552. Version de 1578, presque identique à la première.

8. STANCES DES AMOURS D'EURYMÉDON ET DE CALLIRÉE. 1re éd. : *Œuvres* de 1578, dont nous reproduisons le texte. Cette pièce fut composée pour le jeune Charles IX à l'occasion de ses premières amours avec Marguerite d'Atri d'Acquaviva (Callirée). Eurymédon emprunte son nom à un Géant de légende. Toute cette pièce est empreinte de néo-platonisme à l'italienne qui attribue au feu de l'amour le pouvoir de désincarner progressivement les corps.

TROIS SONNETS À CASSANDRE : **9.** 1re éd. : *Amours* de 1553.

10. 1re éd. : *Amours* de 1552.

11. 1re éd. : *Le Septième Livre des Poèmes,* 1569, alors sans dédicataire. La version de 1584 a repris à l'édition de 1578 les deux meilleurs vers, le onzième et le douzième.

12. SONNET À MARIE. 1re éd. : *Nouvelle continuation des Amours,* 1556.

DEUX SONNETS À CASSANDRE : **13.** 1re éd. : *Amours* de 1552. La version de 1584 reprend les innovations de 1560 dans le premier quatrain.

14. 1re éd. : *Amours* de 1552. A l'avant-dernier vers, nous avons rétabli le P majuscule au mot « Pré » qui, dans la première édition, était une allusion au mariage de Cassandre Salviati avec le seigneur de Pray.

15. CHANSON À MARIE. 1re éd. : *Nouvelle continuation des Amours,* 1556.

16. SONNET À CASSANDRE. 1re éd. : *Amours* de 1552. Ce sonnet permet de mieux voir à quel point l'imaginaire de Ronsard est encore proche de celui du Moyen Age.

17. CHANSON À MARIE. 1re éd. *Nouvelle continuation des Amours,* 1556, peu différente de la version de 1584.

DEUX SONNETS À CASSANDRE : **18.** 1re éd. : *Amours* de 1552. Le thème pétrarquien de l'opposition de l'eau et du feu est un lieu commun de la poésie du XVe et du XVIe siècle, mais il est utilisé ici sur le mode oraculaire propre à Ronsard.

19. 1re éd. : *Amours* de 1552, amélioré progressivement jusqu'en 1584.

20. MADRIGAL POUR ASTRÉE. 1re éd. : « Sonnets et madrigals pour Astrée » dans les *Œuvres* de 1578. Ecrit pour Françoise Babou de la Bourdaisière, épouse d'Antoine d'Estrées, maîtresse de Béranger Du Gast, capitaine des gardes, pour le compte de qui Ronsard semble avoir écrit la séquence d'Astrée. Après l'assassinat de Du Gast en 1575, Ronsard a effacé — pour mettre à la place le sien — le nom de Du Gast qui figurait dans une première rédaction du premier sonnet de la séquence.

DEUX SONNETS À CASSANDRE : **21.** 1re éd. : *Amours* de 1552, très amélioré par les versions suivantes (surtout aux vers 1, 3, 4 et 7).

22. 1re éd. : *Amours* de 1552. Ce sonnet, très oraculaire lui aussi, a été peu modifié avant 1584.

23. SONNET À ASTRÉE. 1re éd. : « Sonnets et madrigals pour Astrée » dans les *Œuvres* de 1578. Le prénom de Françoise d'Estrées sert de phonème porteur d'associations multiples (framboise, franchise, franc, français).

TROIS SONNETS À CASSANDRE : **24.** 1re éd. : *Amours* de 1552. Repris sans modification pendant vingt-cinq ans ; trois variantes introduites en 1578.

25. 1re éd. : *Amours* de 1552. Peu transformé sauf le neuvième vers que l'on peut regretter : « Poil folleton où nichent mes liesses ».

26. 1re éd. : *Amours* de 1552. Peu modifié. Ce sonnet fait allusion à la fable de Danaé fécondée par Jupiter sous forme de pluie d'or.

27. ODELETTE À SA JEUNE MAÎTRESSE. 1re éd. : *Les Mélanges* de 1555. Rabelais précise dans *Le Quart Livre* qu'on nomme « poutre » une jument non encore saillie.

28. *SONNET AUTOCENSURÉ.* 1re éd. : *Amours* de 1552. Sonnet érotique supprimé par Ronsard dès la deuxième édition, en 1553.

TROIS SONNETS À CASSANDRE : **29.** 1re éd. : *Amours* de 1552. Seul le deuxième quatrain a été sensiblement modifié à partir de 1578.

30. 1re éd. : *Amours* de 1552, dont nous avons maintenu la version, privée de ses mots mythologiques et archaïques dans l'édition de 1584. A partir de 1578, Ronsard a relégué ce sonnet dans les « Amours diverses ». On voit le rôle que joue la mer, ici comme souvent chez Ronsard. Vénus étant née des flots, son fils Amour est petit-fils de la mer.

31. 1re éd. : *Amours* de 1552. L'éclatant premier vers de la version de 1584 ne se trouve qu'à partir de 1578. La première édition donnait : « Œil que mes pleurs de tes rayons essuye ». La première version a été progressivement modifiée.

32. ODE DU BAISER DE CASSANDRE. 1re éd. : *Quatre Premiers Livres des Odes,* 1550. Pièce retranchée en 1584. La deuxième moitié de l'ode a été modifiée progressivement en 1555 et 1578.

33. HYMNE À LA NUIT. 1re éd. : troisième édition des *Quatre Premiers Livres des Odes,* 1555. Pièce retranchée à partir de 1578.

34. *AVERTISSEMENT À JASON L'ARGONAUTE,* extrait de l'« Hymne de Calaïs et de Zétès ». 1re éd. : *Le Second Livre des Hymnes,* 1556. Long poème inspiré par *Les Argonautiques* d'Apollonios de Rhodes. Ici, Jason, avant de faire voile pour la Colchide afin d'en rapporter la Toison d'or, est mis en garde par l'augure Phinée contre les dangers qui l'attendent.

35. *L'AVENTURE D'HYLAS,* extrait de « L'Hylas ». 1re éd. : *Le Sep-*

tième Livre des Poèmes, 1569. Long poème d'abord dédié à Passerat, qui sera bientôt nommé professeur d'éloquence latine au Collège royal. Ronsard supprima la dédicace en 1584. C'est un nouvel épisode de la légende des Argonautes qui est rapporté ici, l'histoire du page d'Hercule allant chercher de l'eau pour son maître, et enlevé par des nymphes amoureuses.

36. ODE À CLAUDE DE LIGNERI. 1re éd. : cinquième livre des *Odes* joint aux *Amours* de 1552. Plusieurs modifications dans la version de 1584. Claude de Ligneri, gentilhomme beauceron, avait été le condisciple de Ronsard et de Du Bellay au collège Coqueret. Parti en mission pour l'Italie, il y mourut l'année même de son arrivée, à dix-huit ans. Ronsard parlera à nouveau de lui dans son élégie sur la mort d'Antoine Châtaignier de La Roche-Posay, mort jeune en service lui aussi (voir plus loin n° 129). Ces deux textes, écrits l'un avant, l'autre après la mort d'un ami, sont autant de témoignages sur l'intensité des amitiés de jeunesse de Ronsard. La « sœur au beau front cornu » de la cinquième strophe n'est autre que la lune qui refait surface aux deux derniers vers de l'ode.

37. *ORPHÉE AUX ENFERS,* extrait de « L'Orphée, en forme d'élégie ». 1re éd. : *Les Quatre Saisons de l'an, avec une églogue,* 1563, plaquette intégrée en 1564 dans *Les Trois Livres du Recueil des nouvelles poésies.* Dédié successivement au trésorier des guerres de Bray puis, dans l'édition posthume de 1587, à de Thou. La dernière version a été très profondément remaniée et autocensurée.

38. LES ÎLES FORTUNÉES. 1re éd. : deuxième édition du cinquième livre des *Odes* joint aux *Amours* de 1553. Très souvent remanié au cours des éditions successives, les noms des passagers du bateau imaginaire changeant à la suite des décès, des défections ou des nouvelles amitiés. Ecrite au moment où les conflits avec Charles Quint semblent s'éterniser et où Henri II n'envisage pas de couvrir d'or le projet de *Franciade,* cette échappée vers l'Utopie correspond à une période de découragement et de révolte chez Ronsard. Le dédicataire, Marc-Antoine de Muret, est à la fois un ami et un complice. Humaniste distingué, familier du groupe de la Pléiade, il a mis en musique un sonnet et une odelette de Ronsard et publié, précisément dans le volume où paraît l'ode des « Iles Fortunées », un commentaire des *Amours.* Dans l'expédition imaginaire vers une Amérique de rêve se reconstitue toute la communauté des joyeux compagnons du collège Coqueret à la recherche des ébats amicaux d'une jeunesse perdue.

39. DISCOURS À PIERRE LESCOT. 1re éd. : *Œuvres* de 1560. Version retouchée en 1584. Le dédicataire est l'architecte du Louvre pour qui Ronsard avait autant de sympathie que d'antipathie pour Philibert de L'Orme, architecte des Tuileries. C'est un des textes les plus autobiographiques que nous ait laissés Ronsard.

40. LE FOLÂTRISSIME VOYAGE D'ARCUEIL. 1re éd. : cinquième livre des *Odes* joint aux *Amours* de 1552, sous le titre : « Les Bacchanales, où le Folâtrissime Voyage d'Arcueil près Paris, dédié à la joyeuse troupe de ses compagnons, fait l'an 1549 ». Ce poème relate une partie de campagne que les étudiants du collège Coqueret firent en compagnie de leur maître Daurat à la fin de l'année universitaire, en juillet 1549. Le comte d'Alsinois, à la neuvième strophe, est l'anagramme de Nicolas Denisot, qui deviendra poète religieux et peintre. Les versions successives présentent de nombreux remaniements de détail.

41. ODE À MICHEL DE L'HOSPITAL. 1re éd. : cinquième livre des *Odes* joint aux *Amours* de 1552. La version initiale a été très remaniée au cours des éditions successives. La plus belle et la plus célèbre des odes pindariques de Ronsard a été dédiée à Michel de L'Hospital, connu seulement, lorsqu'il l'écrivit, comme notable humaniste, poète latiniseur, chancelier du duché de Berry par la volonté de la princesse Marguerite, la plus cultivée des enfants de François Ier. Il semble que ce soit sur l'initiative de L'Hospital que prit fin la campagne des rumeurs hostiles à Ronsard à la cour de Henri II, avec l'aide de la princesse Marguerite. C'est lui qui négocia également la réconciliation avec le chef du camp hostile, le poète Mellin de Saint-Gelais. On remarquera que les Muses chanteront d'abord la querelle entre Neptune et Minerve aux origines d'Athènes qui se poursuivra pendant la guerre de Troie, puis la guerre des Géants partis à l'assaut de l'Olympe. L'ensemble de l'ode résume les idées de Ronsard sur le caractère divin de l'inspiration et la place du poète dans la cité. Ce texte n'est pas fait pour être lu, mais chanté à quatre voix (cf. introduction, p. 18-19).

42. ODE À CALLIOPE. 1re éd. : *Quatre Premiers Livres des Odes,* 1550. Cette ode horatienne a subi de multiples modifications de détail jusqu'à la version de 1584.

DEUXIÈME PARTIE : ÉTÉ

43. ODE DE LA VENUE DE L'ÉTÉ. 1re éd. : *Quatre Premiers Livres des Odes,* 1550 (rédigée au cours de l'été 1547). La première version présentait un certain nombre de lourdeurs corrigées progressivement de 1555 à 1584. Les deux premiers vers étaient : « Ja-ja les grans chaleurs s'émeuvent / Et presque les fleuves ne peuvent. » La version de 1584 fait de cette surprenante création un chef-d'œuvre.

DEUX ODES À LA FONTAINE BELLERIE : **44.** 1re éd. : *Quatre Premiers Livres des Odes,* 1550. Remaniée en 1555 et 1578. La terre de Bellerie faisait partie du domaine de la Possonnière.

45. 1re éd. : *Quatre Premiers Livres des Odes,* 1550. L'ode commençait par le vers : « Argentine fontaine vive » et a connu, comme la précédente, beaucoup de modifications de détail.

46. L'HYMNE DE L'ÉTÉ. 1re éd. : *Les Quatre Saisons de l'an, avec une églogue,* 1563, plaquette insérée en 1564 dans *Les Trois Livres du Recueil des nouvelles poésies.* Dédié au secrétaire d'État Robertet de Fresne (qui explique le jeu de mots de la troisième strophe). C'est un exemple du déploiement de l'imagination poétique et érotique de Ronsard sur un thème mythologique librement interprété et visuellement matérialisé.

47. HYMNE DU CIEL. 1re éd. : *Les Hymnes,* 1555. Un certain nombre de vers du prologue ont été supprimés dès 1578 et d'autres ajoutés ou modifiés dans la seconde moitié. Dédié à Jean de Morel, gentilhomme de la maison de Catherine de Médicis, ancien secrétaire d'Erasme, humaniste distingué lui-même et ayant une femme et des filles lettrées. Il a joué un rôle important dans la réconciliation de Ronsard avec le clan Saint-Gelais. Tout cet hymne présuppose à la fois la connaissance de l'astronomie grecque des sphères célestes, et la croyance néoplatonicienne dans l'antériorité de l'âme au corps ainsi que l'existence d'un univers fini et strictement clos.

48. *LA RELIGION SOLAIRE,* extrait de la *Remontrance au peuple de France* publiée en plaquette-pamphlet en 1563. Dans l'édition des *Œuvres* de 1567, intégrée à la section « Discours des misères de ce temps ». (Le titre de cette section recouvrit d'abord le seul *Discours à la reine* de 1562 ; puis, Ronsard ayant publié diverses plaquettes à l'imitation des pamphlets protestants imprimés à Genève, il les regroupa à partir de 1567 dans la section « Discours des misères de ce temps ».) De la *Remontrance,* qui est en même temps une profession de foi, nous avons extrait le passage qui oppose l'atmosphère de fanatisme et de luttes fratricides, effet de la présence des huguenots en France, à cette religion naturelle qu'est le culte solaire.

49. HYMNE DES ÉTOILES. 1re éd. : *Les Etoiles,* 1575, plaquette dédiée « à M. de Pibrac, en Pologne ». Inséré dans les *Odes* dans les *Œuvres* de 1578, puis dans les *Hymnes* dans celle de 1584. Au moment de la rédaction du poème, Pibrac était aux côtés de Henri III roi de Pologne en qualité de chancelier et interprète. Le point de départ du poème a été l'apparition d'un astre nouveau, noté et répertorié d'ailleurs par Tycho Brahé, qui a particulièrement brillé quelques semaines après la Saint-Barthélemy. Protestants et catholiques se sont empressés d'y voir, chacun à leur manière, une marque du soutien céleste. Comme après chaque catastrophe Ronsard a vu dans cette apparition d'étoile une confirmation du déterminisme astrologique. Sur les fluctuations de Ronsard à ce sujet, voir l'introduction.

50. HYMNE DE L'ÉTERNITÉ. 1re éd. : *Le Second Livre des Hymnes,* 1556. Repris dans les *Œuvres* de 1560, très remanié à partir de 1578 Dédié à la princesse Marguerite, sœur de Henri II, protectrice de Ronsard et de Du Bellay. Cet hymne se présente comme une tentative de mythologie hautement christianisée et visualisée. On retrouve des traces de l'allégorisme du *Roman de la Rose,* dont Ronsard a été un fervent lecteur.

51. LE CHAT. 1re éd. : *Le Sixième Livre des Poèmes,* 1569. Le texte a été beaucoup moins remanié que de nombreux autres de la même époque, et l'on retrouve d'un bout à l'autre de son parcours le même mélange de théologie inclinant vers le panthéisme et de superstitions populaires sur le bon et le mauvais sort, le tout étant couvert par la philosophie néoplatonicienne, la médecine de Cardan et *Les Pronostics et Présages* d'Aratos que le dédicataire, Remi Belleau, avait traduits du grec.

52. SONNET À CASSANDRE. 1re éd. : *Amours* de 1552, qui donne comme second vers : « Béant de soif au creux de son profond ». Modifications de détail dans les éditions postérieures.

53. SONNET À MARIE. 1re éd. : *Continuation des Amours,* 1555. C'est par touches rectificatives que Ronsard est parvenu à la version de 1584. Dans la première version, les deuxième et troisième vers étaient : « ... Et faire galopper tes haut-tonnans chevaux / Ronflans deçà delà dans le creux des ruaux ».

54. CHANSON À MARIE. 1re éd. : *Nouvelle continuation des Amours,* 1556. Multiples modifications entre la version de 1556 et celle de 1584, surtout dans le premier et le dernier quart.

55. SONNET À CASSANDRE. 1re éd. : *Amours* de 1552. On jugera du progrès entre la première version et la dernière en comparant avec le texte de 1584 le premier vers de la première version : « Que tout par tout dorénavant se mue ».

56 à 60. CINQ SONNETS À HÉLÈNE. 1re éd. : *Œuvres* de 1578, à peine modifiés ensuite, comme c'est le cas pour la plus grande partie des sonnets à Hélène. Lors de sa première publication en 1578, le sonnet n° 59 faisait partie des « Amours diverses », de même que les sonnets n°s 60, 88, 91, 93, 96, 99 et 100 : ce n'est que dans les *Œuvres* de 1584 qu'ils furent dédiés à Hélène.

TROIS SONNETS À SINOPE : 1re éd. : « Sonnets amoureux » dans *Le Second Livre des Mélanges,* 1559. Sur Sinope, voir n° 2.

61. Ce sonnet, comme le précédent, implique la fiction, couverte par Marsile Ficin dans son *De amore,* de l'amour qui propage son venin par les yeux (d'où le nom de Sinope), et de l'intoxication qui ne peut se guérir que par celle qui en est l'auteur.

62. Le premier vers de la version primitive était : « Quand je suis tout bessé sur votre belle face » ; le reste a été peu modifié, mais c'est le début de la version de 1584 qui contribue à donner à ce beau sonnet un ton baudelairien.

63. A peine modifié. Pièce retranchée en 1584.

64. ODE CONTRE DENISE SORCIÈRE. 1re éd. : *Quatre Premiers Livres des Odes,* 1550. De multiples retouches de détail n'ont pas modifié le rythme ni l'allure de cette ode incantatoire, où la sorcière de campagne est présentée comme un successeur de Typhée, monstre que la Terre, mère des Géants, avait engendré pour se venger de la mort de ses fils. Malgré les réminiscences horatiennes, Laumonier n'exclut pas l'allusion à une sorcière du Vendômois.

65. ÉPIPALINODIE. 1re éd. : *Quatre Premiers Livres des Odes,* 1550. Même traitement que l'ode précédente au cours des différentes éditions. Ni Horace, ni la sorcière vendômoise ne rendent tout à fait compte du contenu de cet extraordinaire exercice de poésie magique.

66. L'HYMNE DE POLLUX ET DE CASTOR. 1re éd. : *Le Second Livre des Hymnes,* 1556. Peu modifié au cours des différentes éditions.

67. ODE AU DUC CHARLES D'ORLÉANS. 1re éd. : troisième édition des *Quatre Premiers Livres des Odes,* 1555. Dans cette ode envoyée à un enfant (le futur Charles IX avait à ce moment quatre ans et demi), l'imaginaire du poète se donne libre cours. Ronsard imagine un partage du monde entre les trois frères : l'aîné, le futur François II, aurait l'Europe, son puîné, François d'Anjou, partirait à la conquête de l'Afrique et Charles aurait l'Asie en partage. Les noms de lieu (Niphate, Euphrate, Sigée, Sabée) sont choisis pour leurs phonèmes plus que pour les repères géographiques qu'ils représentent.

68. LA HARANGUE DE FRANÇOIS DE GUISE. 1re éd. : deuxième édition du cinquième livre des *Odes* joint aux *Amours* de 1553. Assez peu retouché dans les éditions ultérieures. Ce texte, dédié à Charles de Lorraine à l'occasion de la victoire de son frère François de Guise au siège de Metz, donne parfois l'illusion de sortir de *La Légende des Siècles.* Au sixième vers, le mot « OUTRE » fait allusion à la devise de Charles Quint : « Toujours plus outre. »

69. PANÉGYRIQUE DE LA RENOMMÉE. 1re éd. en plaquette en 1579 pour célébrer les premières années du règne de Henri III et particulièrement la « paix de Monsieur ». Il semble que, sous couvert d'éloges, ce discours se présente comme un ensemble de conseils, de mises en garde, une interprétation de type biblique des guerres civiles comme punition divine destinée à châtier la démesure des Français, une invitation à tenir compte de l'opinion publique au moment où elle échappe au souverain.

70. PRIÈRE À DIEU POUR LA VICTOIRE. 1re éd. : *Œuvres* de 1578. Composé en 1569 à la veille de la bataille de Moncontour (octobre 1569), ce texte de circonstance fut inséré, en 1578, dans la section « Discours des misères de ce temps ». Il donne une idée du Ronsard engagé dans un pays en guerre, prenant parti pour le jeune duc d'Anjou contre une armée huguenote comportant un fort contingent allemand, sur l'initiative de Coligny.

71. ODE À SA MUSE. 1re éd. : *Quatre Premiers Livres des Odes,* 1550. Cette œuvre de jeunesse est caractéristique d'une attitude de conquérant de la culture, qui va rester la sienne sa vie durant. Ronsard n'en a pas moins jugé prudent de la retirer des éditions postérieures, trois ans plus tard, quand il commence à se faire des ennemis.

TROISIÈME PARTIE : AUTOMNE

72. *ÉPÎTRE D AUTOMNE.* 1re éd. : *Le Bocage* de 1554. Dédié jusqu'en 1578 à Ambroise de la Porte, fils aîné de la veuve Maurice de la Porte éditrice des *Amours,* qui s'est occupé personnellement du supplément musical de 1552. Il devait mourir en 1555 à vingt-huit ans et, dans son introduction aux *Dialogues* de Tahureau, son frère Maurice parle avec émotion et admiration du jeune mort. Cette épître fut écrite au cours de l'épidémie de peste de l'automne 1553 qui faisait fuir de Paris tous ceux qui le pouvaient. Ronsard s'est réfugié au presbytère de Mareuil-les-Meaux dont il est commendataire.

73. CHANT DE FOLIE À BACCHUS. 1re éd. : *Le Bocage* de 1550. Supprimé dès les éditions suivantes par souci de respectabilité. A la première strophe, les peuples vaincus sont les Indiens et la ville qui adore Bacchus est Thèbes en Béotie.

74. HYMNE DE BACCHUS. 1re éd. : *Les Mélanges* de 1555, et paru simultanément en plaquette la même année avec une traduction latine de Daurat. Reproduit dans les éditions suivantes avec de nombreuses modifications (surtout en 1567 et 1584). Dédié à Jean de Brinon, jeune et riche parlementaire, mécène de la Pléiade et joyeux vivant qui devait mourir subitement pendant que *Les Mélanges,* qui lui étaient dédiés, étaient sous presse (voir n° 132). La Denysière, dont il est question à la fin de la deuxième strophe, appartenait à des cousins et était proche de la Possonnière. N'oublions pas que pour Ronsard Bacchus n'est pas seulement le dieu du vin : dans la théorie des quatre fureurs (les Muses, Bacchus, Apollon, Vénus) il préside aux mystères religieux, à la connaissance intuitive et à toutes les formes de l'enthousiasme.

75. DÉDICACE À NICOLAS DE NEUFVILLE. 1re éd. : *Œuvres* de 1584. Le poème tout entier est une dédicace au secrétaire des finances Nicolas de Neufville, allié par le mariage à la famille de L'Aubespine, amie de Ronsard. Ecrit en 1580, ce beau texte en forme d'élégie est un précieux document sur l'automne de la vie de Ronsard. Il marque aussi l'heure où le découragement le tourne à nouveau vers le fatalisme astral, bien que Ronsard n'en tente pas moins d'identifier les éléments positifs du bilan de son siècle.

76. SONNET À M. FORGET. 1re éd. : *Le Second Livre des Mélanges,* 1559, et repris sans modifications dans les publications ultérieures. Guy Forget, le dédicataire, est secrétaire de la princesse Marguerite qui restera, jusqu'à son départ pour la Savoie après son mariage, le principal refuge des poètes insatisfaits et la médiatrice des largesses royales.

77. ODELETTE. 1re éd. : *Le Bocage* de 1554, repris avec quelques modifications de détail et un changement de dédicataire dans les éditions ultérieures.

78. LA SALADE. 1re éd. : *Le Sixième Livre des Poèmes,* 1569, repris dans les éditions ultérieures avec des modifications, surtout dans la partie médiane. Le destinataire, Amadis Jamyn, a été successivement page de Ronsard, puis son secrétaire, disciple, homme de confiance qui entourera la vieillesse du poète. Il s'agit ici d'une cueillette diététique liée à un régime alimentaire de malade, scrupuleusement surveillé par Jamyn.

79. LA FONTAINE D'HÉLÈNE. 1re éd. : *Œuvres* de 1578. Les trois textes font partie d'un ensemble consacré au projet de fontaine à partir d'une source de la vallée de Croixval, où Ronsard avait alors la commende de l'abbaye. C'est Hélène qui avait exprimé le désir d'élever ce monument, projet vite abandonné au grand dépit de Ronsard. Le projet n'a servi que de support imaginaire à ces textes superbes, qui marquent peut-être le sommet de la maîtrise poétique de Ronsard.

80. *ADIEU À LA PRINCESSE MARGUERITE.* 1re éd. : *Le Second Livre des Mélanges,* 1559. Pièce retranchée à partir de 1578. En 1559, la princesse Marguerite devait bientôt quitter la France pour la Savoie à l'issue de la guerre franco-espagnole.

81. POÈMES DÉDIÉS À MARIE STUART. C'est seulement dans les *Œuvres* de 1584 que Ronsard a regroupé dans un seul ensemble plusieurs poésies consacrées à la reine d'Ecosse, écrites à des périodes différentes. Le premier sonnet ouvre, dans les *Œuvres* de 1578, le second livre des *Poèmes* ; le discours qui suit provient des *Trois Livres du Recueil des nouvelles poésies* de 1564, et l'élégie se trouvait dans le tome consacré aux élégies des *Œuvres* de 1567. C'est le regroupement de ces pièces en 1584 qui fait de l'ensemble l'un des plus beaux monuments poétiques du XVIe siècle.

82. ODE À L'HIRONDELLE. 1re éd. : *Les Mélanges* de 1555, assez remanié au cours des éditions suivantes à partir de la deuxième strophe.

83. *SONNET SUR L'INCONNUE.* 1re éd. : *Amours* de 1552. Sonnet assez peu remanié entre la première version et 1584. Muret précise que la jeune morte est antérieure à Cassandre, mais on n'a pu l'identifier.

84. ODE. 1re éd. : troisième édition des *Quatre Premiers Livres des Odes,* 1555. Ce beau texte a été à peine modifié entre 1555 et 1584.

85. DISCOURS À GENÈVRE. 1re éd. : *Les Trois Livres du Recueil des nouvelles poésies,* 1564. Multiples modifications de détail en 1584. Sur la personnalité de Genèvre, dont l'amour a obsédé Ronsard pendant une période relativement courte, il n'y a que des témoignages contradictoires. On verra plus loin, dans la section morts (n° 130), le magnifique récit par Genèvre de la mort de son amant.

86 à 93. HUIT SONNETS À HÉLÈNE. 1re éd. : *Œuvres* de 1578. Le sonnet n° 86 n'a pris sa forme définitive que dans l'édition de 1584, où le premier vers a été changé. Les sonnets n°s 87 à 91 n'ont eu que peu de modifications, de même que le sonnet n° 93. La première version du sonnet n° 92 commençait par : « Puisque tu sçais, hélas, qu'affamé je ne puis ».

94. ÉLÉGIE. 1re éd. : *Œuvres* de 1584.

95. ODE ANACRÉONTIQUE. 1re éd. : *Les Mélanges* de 1555. Modifications aux deux dernières strophes.

DEUX SONNETS À HÉLÈNE : **96.** 1re éd. : *Œuvres* de 1578. Version inchangée.

97. Sonnet posthume publié dans les *Œuvres* de 1587.

98. MAGIE, OU DÉLIVRANCE D'AMOUR. 1re éd. : *Œuvres* de 1584. C'est le retour à la poésie magique pratiquée dans sa jeunesse.

99 à 101. *TROIS SONNETS D'ADIEU À HÉLÈNE.* 1re éd. : *Œuvres* de 1578. Peu retouchés ensuite.

QUATRIÈME PARTIE : HIVER

102. ODE À MACLOU DE LA HAIE. 1re éd. : *Quatre Premiers Livres des Odes,* 1550. Multiples modifications de détail en 1578 avant de parvenir à la version de 1584. Le dédicataire, Maclou de La Haie, valet de chambre du roi, chargé à plusieurs reprises de missions à l'étranger, combattant valeureux de la campagne de Picardie, est aussi poète : il publiera en 1553 un volume d'*Œuvres* poétiques qui contient des chants, énigmes, blasons, épigrammes et sonnets. Du Bellay, comme Ronsard, lui a dédié plusieurs poèmes.

103. LES NUES. 1re éd. en plaquette en 1565 lors du voyage de Catherine de Médicis à travers la France pour présenter les enfants royaux au pays. Ce texte n'a pas été recueilli du vivant de Ronsard dans ses *Œuvres.*

104. ODE À MELLIN DE SAINT-GELAIS. 1re éd. : deuxième édition du cinquième livre des *Odes* joint aux *Amours* de 1553. Peu de modifications dans les quatre premières strophes ici reproduites. Cette ode de réconciliation écrite le 1er janvier 1553 sur la demande de Michel de L'Hospital et de Jean de Morel était destinée à mettre fin à la querelle avec Mellin de Saint-Gelais.

105. SONNET À HÉLÈNE. 1re éd. : *Œuvres* de 1578. Presque pas modifié.

106. SONNET À CHARLES DE LORRAINE. 1re éd. : *Œuvres* de 1560. Pièce retranchée en 1584. Presque pas modifiée. Ronsard a trente-cinq ans quand il écrit ce sonnet désabusé.

DEUX SONNETS POSTHUMES À HÉLÈNE : **107.** 1re éd. : *Œuvres* de

1587. Bien qu'il figure alors dans la section « Sonnets à diverses personnes », il est probable que ce sonnet s'adresse à Hélène.

108. 1re éd. : *Œuvres* de 1587. L'association entre l'adieu à l'amour et l'adieu à la Nature est très typique : Ronsard les avait toujours associés.

109. DIALOGUE DE L'AUTEUR ET DU MONDAIN. 1re éd. : *Œuvres* de 1587.

110 à 115. *SIX SONNETS DE L'AGONIE.* 1re éd. : *Derniers vers*, 1586. Ces sonnets ont été écrits par Ronsard au cours des dernières semaines de son existence, et les deux derniers dictés à un religieux de l'abbaye de Saint-Cosme dont Ronsard était commendataire et où il avait exprimé le désir de mourir et de recevoir la sépulture.

116. À SON ÂME. 1re éd. : *Derniers vers*, 1586. D'après Claude Binet ce texte aurait été composé à Croixval avant le transfert à Saint-Cosme. Cette épitaphe parodique est un dernier sursaut d'humour chez un malade qui se sait condamné et trouve la force de plaisanter sur une épigramme latine de l'empereur Hadrien.

117. ÉLÉGIE SUR LA MORT DE NARCISSE. 1re éd. : *Le Bocage* de 1554. Multiples modifications dès 1560 et 1578 et d'importantes additions, surtout dans la première partie. En 1554, le poème était dédié à François Charbonnier, qui avait été secrétaire du jeune François de Valois quand celui-ci n'était pas encore François Ier. En 1584, le poème sera dédié à Daurat.

118. ÉLÉGIE SUR LA MORT D'ADONIS. 1re éd. : *Les Trois Livres du Recueil des nouvelles poésies*, 1564. Le long poème d'« Adonis », dont nous ne donnons qu'un extrait, fut republié dans les éditions successives avec quelques retouches. Le dédicataire, de Fictes, était un trésorier de l'Epargne.

119. *LA MORT DU DAUPHIN FRANÇOIS*, extrait du *Tombeau de Marguerite de France*. 1re éd. en plaquette en 1575. La princesse Marguerite, sœur de Henri II, duchesse de Savoie depuis 1559, était morte en 1574. Dans cet hommage à celle qui fut, dans la famille royale, la première protectrice des poètes de la Pléiade, Ronsard passe en revue les Valois qu'il a approchés ; dans cet extrait, il relate les derniers jours du dauphin François, fils de François Ier, qu'il avait servi et qu'il avait vu mourir aux armées en 1536.

120. *SUR LA MORT DE CHARLES IX.* 1re éd. : *Œuvres* de 1578. Non modifié depuis.

TROIS ODES SUR LA MORT : **121.** ODE À GASPARD D'AUVERGNE. 1re éd. : *Le Bocage* de 1550. Modifications de détail dès 1554 jusqu'à 1573. Pièce retranchée à partir de 1578. Le dédicataire, Gaspard d'Auvergne, était un avocat limousin, traducteur du *Prince* de Machiavel. Il semble avoir été le centre d'un petit cénacle à Châtellerault où il plaidait.

122 et **123.** 1re éd. : *Nouvelle continuation des Amours*, 1556. Repris ensuite et peu modifiés.

124. HYMNE DE LA MORT. 1re éd. : *Les Hymnes,* 1555. Le fragment reproduit ici a été assez peu modifié. Dans la première édition posthume des *Œuvres* de 1587, le dernier vers de l'hymne deviendra : « Navré, poitrine ouverte au bord de ma province ». Le dédicataire de 1555 était Pierre Paschal, historiographe de Henri II, très lié avec les poètes de la Pléiade qui se brouillèrent avec lui, dont ils avaient beaucoup attendu et peu reçu. Dès 1560, Ronsard le remplacera dans la dédicace par Louis Des Masures : celui-ci avait été secrétaire du cardinal Jean de Lorraine jusqu'en 1547 ; exilé par ordre de Henri II pour intelligence avec l'ennemi, il passa au parti huguenot. Il traduisit l'*Enéide* et écrivit des œuvres poétiques et des tragédies sacrées.

125 à **128.** QUATRE SONNETS SUR LA MORT DE MARIE. 1re éd. : *Œuvres* de 1578. Dès cette première édition, l'organisation du tombeau de Marie fut réglée définitivement et peu modifiée ensuite. La séquence a été vraisemblablement écrite pour le compte de Henri III à l'occasion de la mort de Marie de Clèves en 1574, mais, le nom de Marie ayant couvert les femmes les plus diverses, toute recherche d'identification risque d'être mystificatrice (voir introduction, p. 13).

129. *ÉLÉGIE SUR LA MORT D'UN CAMARADE,* en forme d'épitaphe d'Antoine Châtaignier de La Roche-Posay. 1re éd. : deuxième édition du cinquième livre des *Odes* joint aux *Amours* de 1553 (l'année même de la mort d'Antoine Châtaignier). Le texte a été peu modifié, sauf dans la partie médiane. Cousin de Baïf, ancien condisciple de Ronsard au collège Coqueret, auteur d'un recueil de poésies, Antoine Châtaignier participe à la campagne d'Italie en 1551 et à celle de Picardie en 1553. C'est là qu'il fut tué au siège de Thérouanne, à l'âge de vingt-trois ans. Sa mort, jointe à celle de Ligneri (voir plus haut n° 36), a été très profondément ressentie par Ronsard.

130. DISCOURS AMOUREUX DE GENÈVRE. 1re éd. : *Les Trois Livres du Recueil des nouvelles poésies,* 1564. Repris ensuite dans toutes les éditions des *Œuvres* avec de multiples retouches qui n'ont fait qu'accentuer la fluidité et la musicalité racinienne de cet admirable monologue. Sur Genèvre, voir n° 85.

131. ÉPITAPHE DE JEAN DE LA PÉRUSE. 1re éd. : troisième édition des *Quatre Premiers Livres des Odes,* 1555, au lendemain de la mort de La Péruse en 1554, à l'âge de vingt-cinq ans. Sa tragédie *Médée* permettait de voir en lui l'un des espoirs du futur théâtre encore dans son enfance. À la troisième strophe, « le second ornement de la tragique Muse » renvoie au premier en date : Jodelle.

132. ÉPITAPHE DE JEAN DE BRINON. 1re éd. en plaquette en 1555 dans le *Tombeau de Jean de Brinon,* accompagnée d'autres pièces françaises, latines et italiennes, écrites par Daurat, Belleau, Baïf, etc. Reprise la même année dans la deuxième édition des *Mélanges.* Sur la personnalité du jeune mort, voir n° 74.

133. ÉPITAPHE D'ARTUSE DE VERNON. 1ʳᵉ éd. *Les Hymnes*, 1555. Peu de variantes. C'est en tant que demoiselle d'honneur de la princesse Marguerite qu'Artuse de Vernon a rencontré Ronsard. Sa mère, Mme de Teligny, avait dirigé en Ecosse la maison de la princesse Madeleine et le jeune Ronsard avait fait le voyage par mer aller et retour avec elle quand il était page. De nombreux souvenirs communs les ont donc rapprochés et ont rendu la mort d'Artuse plus poignante.

134. ÉPITAPHE D'ADRIEN TURNÈBE. 1ʳᵉ éd. en plaquette en 1565, lors de la mort de Turnèbe. Reprise la même année dans les *Elégies, mascarades et bergerie,* puis dans les éditions ultérieures, sans modifications. Cette épitaphe respectueuse et émue rend hommage au célèbre helléniste, professeur au Collège royal, considéré par ses contemporains comme l'un des plus grands savants de son siècle, le dernier grand de l'Humanisme après la mort de Guillaume Budé.

135. SIZAIN pour les cœurs de Messieurs de L'Aubespine. 1ʳᵉ éd. : *Œuvres* de 1578, dans la série des épitaphes. Claude de L'Aubespine junior, ami de Ronsard, secrétaire d'Etat à seize ans, mourut à vingt-six ans en 1570 ; son père, secrétaire des commandements et des finances, négociateur du traité de Cateau-Cambrésis, protecteur de Ronsard à la Cour, mourut en 1567 ; le survivant, Sébastien, ne mourra qu'en 1582.

136. ÉPITAPHE POUR LUI-MÊME. 1ʳᵉ éd. : *Derniers vers,* 1586. D'après Claude Binet, le premier biographe de Ronsard, cette épitaphe aurait été composée à Croixval.

137. ODE DE L'ÉLECTION DE SON SÉPULCRE. 1ʳᵉ éd. : *Quatre Premiers Livres des Odes,* 1550. Reproduite dans toutes les éditions, mais pourvue de multiples retouches, surtout en 1555.

138. ODE À SA MUSE. 1ʳᵉ éd. : *Quatre Premiers Livres des Odes,* 1550. Nous avons tenu à clore ce recueil par l'ode finale de la première œuvre de Ronsard, ode qu'il aurait pu écrire à la fin de sa vie. Les corrections et transformations apportées à chaque nouvelle édition montrent bien l'importance qu'il n'a cessé de donner à ce chant triomphal.

INDEX

*(Les noms propres sont en majuscules,
les autres mots en minuscules.)*

A

ACHELOÉE (ACHÉLAÜS) : rivière qui coule des montagnes du Pinde aux plaines de Thessalie.

ADRASTIE (ADRASTÉE) : Némésis, déesse de la vengeance des dieux contre la démesure des hommes.

ÆSON, ESON : père de Jason que son épouse, la magicienne Médée, avait réussi à rajeunir.

AGANIPPÉE (AGANIPPE) : fontaine située au pied de l'Hélicon, montagne des Muses.

Ahan : effort.

Ainçois, ains : mais plutôt.

AJAX : une fleur était sortie de son sang, comme de celui d'Adonis.

ALECTON (ALECTO) : l'une des trois Erinnyes, divinités infernales aux cheveux mêlés de serpents.

Alenter : apaiser, calmer.

Ameiller : traire.

AMPHRYSE : fleuve de Thessalie au bord duquel Apollon, devenu berger, avait gardé les troupeaux du jeune roi Admète.

ANANGÉ : francisation du grec Anagkè, déesse de la fatalité.

ANCHISE : un des nombreux amants de Vénus, et père d'Enée.

ANTEROT (ANTÉROS) : le dieu ennemi d'Eros.

ARABIE : souvent associée chez Ronsard aux parfums exotiques. Dans 41, « arabe moisson » signifie : haleine parfumée.

ARATE (ARATOS) : poète et vulgarisateur scientifique grec, auteur du poème astronomique *Les Phénomènes,* souvent évoqué par Ronsard et traduit en partie par Remi Belleau.

ARCADES : une variante de l'édition de 1587 permet d'identifier ce nom de fantaisie avec l'Hyrcanie (province de Perse).

ARCHER : signe zodiacal du Sagittaire, dont la période va du 22 novembre au 20 décembre.

Ardre : brûler. Participe passé : ars.

ARETHUSE : nymphe transformée en fontaine par Diane dans l'île d'Ortygie (près de Syracuse), où elle s'était réfugiée pour échapper aux poursuites d'Alphée, dieu fluvial.

Argive : de la ville d'Argos, ou de l'équipage du navire Argo, au cours de l'expédition des Argonautes dont firent partie Hylas et Hercule.

ARISTOTE (fille d') : la Philosophie.

ATROPOS : la Parque préposée à la mort (l'inflexible).

Avant-Chien : francisation du grec Prokuôn, **planète mentionnée** par Aratos dans ses *Phénomènes*.

Avettes : abeilles.

B

BARTOLLE (BARTOLE) : jurisconsulte italien du XIVᵉ siècle dont les traités faisaient encore figure, au XVIᵉ siècle, d'ouvrages de référence.

BASSAR : Bacchus.

Belides : les Danaïdes, petites-filles de Belus, condamnées, après le meurtre de leurs maris, à verser éternellement de l'eau dans des tonneaux sans fond.

Blétière (la) : celle qui prodigue le blé.

Bluetter : les bluettes, écrit Muret dans le commentaire, « sont petites étincelles qu'on voit quasi se fondre par l'air aux plus chauds jours de l'été ».

Bouclair : bouclier.

BRAYE (la) : rivière du Vendômois.

BRENNE (BRENNUS) : chef gaulois qui pilla le trésor de Delphes en 279 av. J.-C., passa en Asie et mourut, dit Callimaque, des vengeances du dieu insulté.

Brume : francisation du latin *bruma*, l'hiver.

Buye : cruche.

C

CALLIOPE : Muse de la poésie épique et de l'éloquence.

Camusettes (les troupes) : les moutons.

CANCRE : signe zodiacal du Cancer, dont la période va du 22 juin au 23 juillet.

Caut : défiant. Mal-caut : sans méfiance.

Cestes emplombez : gantelets garnis de plomb dont se servaient les pugilistes.

Charites : filles de Zeus et d'une Océanide, les trois Charites (les Grâces) appartenaient comme les Muses à la suite d'Apollon.

Charmes : souvent utilisé dans le sens de sortilège.

Chere : faire chère, faire bon accueil.

Chévrons : météores (considérés comme des mauvais augures).

CLITIE (CLYTIE) : personnage mythique, elle fut aimée par Apollon et métamorphosée en héliotrope.

COCYTE : fleuve des Enfers dont les eaux se gonflaient des larmes des victimes.

Codignac : cotignac, **pâte de coings** et d'oranges.

Coupeau : sommet de **colline**.

Cronien (le) : Neptune, fils de Cronos, dont la querelle avec Pallas marqua la fondation d'Athènes.

Crope : croupe.

Cuider (le) : verbe substantivé, l'imagination qui se fait prendre pour vérité.

Cyanées (les roches) : roches situées au large du Pont-Euxin.

Cyprine : lié à Chypre, donc à Vénus.

Cyrrhean : de Cyrrha, ville de Phocide vouée au culte d'Apollon.

CYTHERÉE : Vénus, qui avait un temple privilégié à Cythère.

D

Delien (le) : Apollon, dont le temple privilégié est à Délos.

Démons, daimons : purs esprits, les uns bons, les autres mauvais, que les néo-platoniciens situaient dans l'espace sublunaire, et qui interviennent dans la vie des hommes.

DENYS : le dieu Dionysos, Bacchus.

Descrouiller : ouvrir en défonçant.

Dircean : désigne Pindare, né près de la fontaine Dircé en Béotie.

Driller : a le triple sens de briller, percer, courir.

Dryades : nymphes des chênes.

E

Edonides : Bacchantes, de Edon, montagne de Thrace où elles célébraient leurs orgies.

Egyptien (l'orgueil) : allusion aux festins offerts par Cléopâtre à Marc-Antoine.

Elocher : ébranler (du latin : *elocare*).

Embler : enlever en soulevant.

Empanez : empennés.

ENCELADE : géant révolté enseveli sous la Sicile. Rhete et Myme n'accompagnent Encelade dans le combat des Géants que dans les *Carmina* d'Horace.

Enchanter : ensorceler.

Entorse : torsade, tourbillon.

Envis de : à contrecœur (du latin : *invito corde*).

ENYON (ENYO) : nom grec de la déesse de la guerre.

ERIGONE : fille d'Icare qui, en apprenant la mort de son père, se pendit de désespoir et fut changée en constellation de la Vierge, dont l'apparition (le 23 août) marque la fin des grandes chaleurs.

Erre : chemin, trace, cheminement.

ERYMANTHE : montagne et forêt d'Arcadie.

Escacher : écraser.

Eson : voir Æson.

Esteuf : balle.

Evantes : Bacchantes.

F

Fantastique : qui relève de l'imagination ou d'une hallucination.

Favone : vent d'ouest.

Ferré : insensible, cruel.

Frenetique : délirant, fou furieux.

Freres (les) : Castor et Pollux, frères d'Hélène de Troie.

Fust... fust... : soit que... soit que...

G

Gadille : rouge-gorge.

Garse, garce : jeune fille, ou maîtresse (sans nuance péjorative).

Genne : séance de tortures.

Gresset : petite grenouille.

Gréve : jambe.

H

Haim : hameçon.

Hamadryades : nymphes des eaux et des forêts.

Hectorean : descendant d'Hector, c'est-à-dire de Francus.

HELICON : montagne de Béotie habitée par les Muses (que Ronsard assimile parfois aux nymphes).

310

HIPPOCRAS, (HIPPOCRATE) · fondateur de la médecine grecque, natif de l'île de Cos.

I

Idalien : d'Idalie, dans l'île de Chypre, donc rattaché à Vénus.
Idumée : nom ancien du pays d'Edom, au sud de la mer Morte.
Influs, influence : termes astrologiques désignant le fluide hypothétique capable de transmettre à distance l'influence d'un astre.
Ixion : personnage mythologique qui, ayant voulu violer Junon, se trouva en présence d'une nue à son image et s'y trompa. De cette union naquirent les Centaures. Puni du supplice de la roue aux Enfers.

J

Japet : l'un des Titans révoltés qui eut de l'Océanide Clymène quatre fils, Atlas (dont il est question ici), Prométhée, Epiméthée et Ménœtios.

L

Lambrunche : vigne sauvage.
Lieu (avoir) : se placer au-dessus, dominer.
Lucine : divinité des accouchements heureux.
Lychnite : lampe, flambeau.

M

Mal-caut : voir caut.
Manicles : menottes.
Mansine : manche de charrue.
Matassiner : gesticuler comme des matassins (danseurs bouffons).
Mémoire : Mnémosyne à qui Jupiter fit neuf filles, les Muses.
Mesnagers : ouvriers agricoles.
Mongibel : l'Etna (monte-Djebel).
Morion : casque.
Morse : mordu.
Mysie : région voisine de la Troade, au nord-ouest de l'Asie Mineure, où s'est noyé Hylas.

N

Nacelle : allusion à la barque de Charon, passeur des Enfers.
Nepenthe : breuvage magique euphorisant.
Niphate : montagne d'Arménie près de la mer Caspienne.
Noüer : nager.
Nyse : ville d'Inde sur le Cophène.

O

Ocieux : oisif.
Or', ores : maintenant. Ores... ores... : tantôt... tantôt...
Othrye (Othrys) : mont sur lequel s'étaient regroupés les Géants pour
    faire face aux dieux retranchés sur l'Olympe.

P

Pache : pacte.
Palette : raquette de jeu de paume.
Paphos : ville côtière de Chypre où Vénus avait un temple privilégié.
Pelace : pelure. « Torce pelace » : branches et écorces d'osier tressé.
Philien : l'un des attributs de Jupiter, protecteur de l'amitié. Du Bellay
    dit plus cursivement « le Philien » pour désigner Jupiter.
Philomele : voir tançons.
Phlegreans (Phlégréens) : le champ de bataille où fut achevée la défaite
    des Géants révoltés.
Pimplean : la fontaine Pimplea sortait du mont Pimpleos consacré aux
    Muses, près de l'Olympe.
Pithon (Peitho) : déesse de la persuasion.
Plains : masculin de plaines.
Plombet : balle de plomb.
Poliot : plante aromatique.
Pollu : souillé.
Portonne (Portunus) : divinité protectrice des marins.
Pyrrhe (Pyrrha) : femme du fils de Prométhée, Deucalion. Sauvés du
    Déluge, ils repeuplèrent la terre en jetant derrière eux des pierres qui
    devinrent des hommes et des femmes.

Q

Querelle : plainte, grief.

R

Rechanter : en termes de magie, se rétracter.

Regnaut, Regnault (Renaud) : héros de l'histoire des *Quatre Fils Aymon.*

Retenter : tenter de nouveau.

Rets : filets de pièges de chasseurs.

Rhodope : montagne de Thrace, patrie légendaire d'Orphée, des Muses Piérides et des cultes à mystères de Dionysos-Bacchus.

S

Sabee : le Yémen d'aujourd'hui, autrefois renommé pour ses parfums.

Sablon : sable (9 : semer sur le sable).

Saint Germain : l'allusion à ce saint (dans 79) laisse croire qu'une église ou une chapelle qui lui était consacrée se trouvait dans le voisinage de la source.

Salade : casque à timbre arrondi, à visière courte et à grand couvre-nuque.

Sigée : port des rives de la Troade, lieu de la guerre de Troie.

Sirien (le) : Sirius, l'étoile la plus brillante de la constellation du Chien au moment de la canicule.

Sisyphe : personnage mythique condamné à rouler éternellement un rocher à contre-pente.

Smyrnean (le) : Homère, que la légende fait naître près de Smyrne.

Sœurs (les) : les trois Parques, qui filent le destin des hommes.

Sourgeon (surgeon) : jet.

Stesichore : poète sicilien du VIe siècle av. J.-C. dont Platon mentionne la palinodie dans le *Phèdre.*

Stygien, stygieux : du Styx, fleuve des Enfers.

T

Tançons : chants plaintifs de Philomèle qui, outragée par Térée roi de Thrace, fut métamorphosée en rossignol.

Tantale : roi mythique, petit-fils de Zeus, condamné pour avoir révélé des secrets célestes à voir sans cesse des fruits et de l'eau sans pouvoir s'en rassasier.

TELEFE (TÉLÈPHE) : personnage légendaire, blessé par Achille qui pouvait seul le guérir.

TERÉE : voir tançons.

THÉBAÏDE : allusion à la guerre civile entre les frères thébains Etéocle et Polynice.

Thebain (le) : tantôt Pindare (40, 41), tantôt Bacchus, qui était petit-fils de Cadmus, roi de Thèbes (67).

THETIS, THETYS : divinité marine.

Tirace : piège à filet pour prendre les cailles et les perdreaux.

TYPHÉE : monstre enfanté par la Terre unie au Tartare pour venger ses fils les Titans vaincus par Jupiter.

V

Vaisseau : vase.

Vere : printemps.

Volte : danse très virevoltante, d'origine italienne.

Volter : faire tourner, retourner.

TABLE ALPHABÉTIQUE DES INCIPIT

*(Les chiffres renvoient aux numéros des poèmes,
et non aux pages)*

316

317

LE XVIᵉ SIÈCLE
DANS *POÉSIE/GALLIMARD*

Ce volume,
le cent quatre-vingt-dix-huitième
de la collection Poésie,
a été composé par SEP 2000
a été achevé d'imprimer sur les presses
de CPI Bussière à Saint-Amand (Cher),
le 28 octobre 2009.
Dépôt légal : octobre 2009.
1ᵉʳ dépôt légal dans la collection : août 1985.
Numéro d'imprimeur : 093106/1.
ISBN 978-2-07-032308-1/Imprimé en France.

172882